westermann

Level 6
Deutsch

Übungsheft

Level 6 Deutsch

Übungsheft

Autorinnen: Mirja Störmer-Zabeida, Ines Thomas, Lisa Anna Zindler

Weitere Level-Hefte für Klasse 6

- **Level 6 Mathematik**
  (ISBN 978-3-14-121588-5)
- **Level 6 Englisch**
  (ISBN 978-3-14-121582-3)

Alle Level-Hefte für Klasse 5

- **Level 5 Deutsch**
  (ISBN 978-3-14-121575-5)
- **Level 5 Mathematik**
  (ISBN 978-3-14-121587-8)
- **Level 5 Englisch**
  (ISBN 978-3-14-121581-6)

Textquellen: S. 29: Rüdiger Bertram: Hilfe, mein Handy ist ein Superschurke!, Rowohlt Verlag, Reinbek bei Hamburg 2020, S. 7–9 |**S. 30:** Cosmos Media UG, Mainz, https://www.helles-koepfchen.de/artikel/3308.html, 16.02.2022 |**S. 32:** Bertuch Verlag GmbH, Weimar, https://deutschland-lese.de/streifzuege/fabeln/aesop/zwei-freunde-und-ein-baer/

Bildquellen: |Alamy Stock Photo (RMB), Abingdon/Oxfordshire: © StockImages 57.1. |Ellert, Mario, Bremen: 4.1, 5.1, 6.1, 7.1, 8.1, 9.1, 14.1, 15.1, 23.1, 24.1, 26.1, 31.1, 32.1, 34.1, 35.1, 35.2, 36.1, 36.2, 36.3, 36.4, 36.5, 36.6, 36.7, 36.8, 37.1, 37.2, 38.1, 38.2, 38.3, 38.4, 38.5, 38.6, 38.7, 38.8, 39.1, 42.1, 43.1, 44.1, 45.1, 46.1, 47.1, 48.1, 49.1, 54.1, 54.2, 55.1, 56.1, 57.2, 59.1, 60.1, 60.2, 60.3, 60.4, 60.5, 60.6, 60.7, 60.8, 60.9, 60.10, 63.1, 64.1. |fotolia.com, New York: Bernard Breton 58.1; Klaus Kaulitzki 18.4; pmphoto 18.3; Stefanie Maertz 61.1. |iStockphoto.com, Calgary: funstock 16.2; kall9 16.1; Katarzyna Bialasiewicz 18.2; reisegraf 52.1; stock.xchng 58.2; yanik88 Titel, 58.3. |Rowohlt Verlag GmbH, Hamburg: Rüdiger Bertram. Hilfe, mein Handy ist ein Superschurke!, 2020 29.1. |Shutterstock.com, New York: FOTOGRIN 50.1; MSPhotographic 10.1; Shufrych, Oksana 30.1. |stock.adobe.com, Dublin: Apart Foto 53.1. |Störmer-Zabeida, Mirja, Hannover: 12.1, 12.2, 12.3, 12.4, 12.5, 12.6. |TopicMedia Service, Mehring-Öd: Karl Wahl 18.1; Walz 50.2.

westermann GRUPPE

Druck A[1] / Jahr 2022
Alle Drucke der Serie A sind im Unterricht parallel verwendbar.

Die Seiten dieses Produkts bestehen zu 100 % aus Altpapier.

Damit tragen wir dazu bei, dass Wald geschützt wird, Ressourcen geschont werden und der Einsatz von Chemikalien reduziert wird.
Die Produktion eines Klassensatzes unserer Arbeitshefte aus reinem Altpapier spart durchschnittlich 12 Kilogramm Holz und 178 Liter Wasser, sie vermeidet 7 Kilogramm Abfall und reduziert den Ausstoß von Kohlendioxid im Vergleich zu einem Klassensatz aus Frischfaserpapier.
Unser Recyclingpapier ist nach den Richtlinien des Blauen Engels zertifiziert.

Redaktion: Stefan Bicker
Illustrationen: Mario Ellert, Bremen
Layout und Umschlagsgestaltung: JANSSEN KAHLERT Design & Kommunikation GmbH, Hannover
Druck und Bindung: Westermann Druck GmbH, Georg-Westermann-Allee 66, 38104 Braunschweig

ISBN 978-3-14-**121576**-2

Alle Videos können auf der Homepage **www.westermann.de/webcode** mit dem im Heft vermerkten Webcode (z. B. WES-121576-001) abgespielt werden.

Die Halloweenparty

Die Klasse 6a möchte die Herbstferien gern mit einer Halloweenparty einläuten. Dafür muss sie die Schulleiterin um Erlaubnis bitten.

1 Lies den Brief, den die Klasse 6a der Schulleitung geschrieben hat.

Berlin, 05.10.2021 } ______________________

Sehr geehrte Frau Kreis, } Anrede

in den letzten Wochen haben wir mit unserer Klasse viel gelernt und auch bereits die ersten Klassenarbeiten hinter uns gebracht. } ______________________

Bevor wir alle in die Herbstferien verschwinden, würden wir gern zur Stärkung der Klassengemeinschaft ein kleines Fest feiern. Da Ende Oktober Halloween ist, möchten wir Sie um Erlaubnis bitten, am Tag vor den Herbstferien in unserer Klasse eine kleine Halloweenparty feiern zu dürfen. Wir wollen uns verkleiden, spielen, tanzen und ein paar Snacks essen. } ______________________

Wir würden uns sehr über eine positive Rückmeldung freuen. Natürlich sind Sie auch eingeladen.
Und anschließend räumen wir selbstverständlich alles wieder auf! } ______________________

Beste Grüße } ______________________

Ihre Klasse 6a } ______________________

2 Lies den Merkkasten und notiere neben den Abschnitten des Briefs, um welchen Baustein es sich jeweils handelt. Ein Beispiel ist bereits vorgegeben.

Merkkasten

Jeder **Brief** hat bestimmte Bausteine:
- **Ort und Datum** (rechtsbündig)
- **Anrede:** Liebe/r…, / Sehr geehrte Damen und Herren, / Sehr geehrte Frau/geehrter Herr …,
- **Einleitung:** Worum geht es? Warum schreibst du?
- **Hauptteil:** Was genau ist los?
- **Schlussteil:** Was soll als Nächstes geschehen?
- **Grußformel:** Viele Grüße / Mit besten Grüßen
- **Absender/Unterschrift:** Ihre …

Zwischen jedem Baustein wird eine **Zeile frei** gelassen.

Achte bei einem formellen Brief auf eine **höfliche Anrede** (Sehr geehrte Frau/geehrter Herr …) und denke daran, Erwachsene zu **siezen** (Großschreibung: Sie, Ihnen …).

Liebe Eltern!

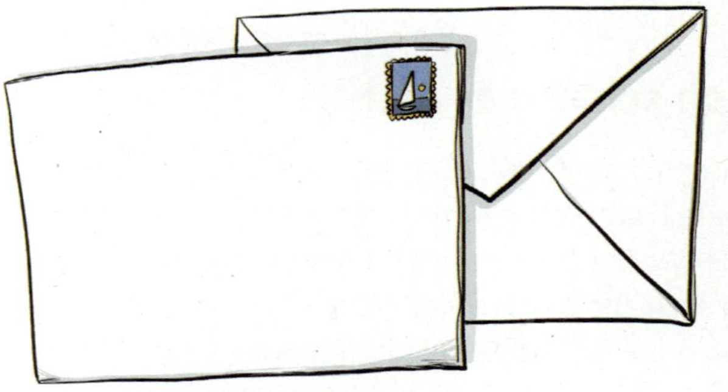

Die ersten Schultage sind vorbei und in der 6d steht ein Elternabend an. Dazu hat die Klassenleitung die Eltern eingeladen. Leider sind die Briefbausteine im Computerprogramm durcheinandergeraten.

1 a) Lies die einzelnen Bausteine und verschaffe dir einen ersten Überblick.
b) Nummeriere die Bausteine in der richtigen Reihenfolge und schreibe den Text dann korrekt auf.

☐ Aus diesem Grund möchten wir Sie herzlich zu unserem ersten Elternabend in diesem Schuljahr einladen. Dieser findet am 16.09.2021 um 18.30 Uhr im Klassenraum der 6d statt.
Wir möchten mit Ihnen folgende Themen besprechen:
- Klassenfahrt,
- Klassenkasse,
- Geburtstagsfeiern.

☐ die ersten Schultage sind bereits vergangen und die konkreten Planungen für das neue Schuljahr nehmen langsam Gestalt an.

☐ Liebe Eltern der Klasse 6d,

☐ Bitte geben Sie uns bis zum 13.09. per E-Mail Bescheid, ob Sie teilnehmen werden.

1 Osnabrück, 02.09.2021

☐ Frauke Müller und Thomas Finkenbein (Klassenleitung der 6d)

☐ Mit besten Grüßen

Ich schaffe es nicht

Erdem hat am Wochenende ein wichtiges Fußballspiel. In seinem Verein gibt es die Regel, dass man nur spielen darf, wenn man in der Woche zuvor mindestens einmal trainiert hat. Leider kann er wegen anderer Termine nicht am Training teilnehmen, möchte aber unbedingt beim Spiel dabei sein. Daher schreibt er seinem Trainer eine E-Mail. Zur Vorbereitung hat er ein paar Stichwörter notiert.

1 Lies die Stichwörter aus dem Wortspeicher.

~~am Wochenende Spiel gegen SV Arminia~~ | kann diese Woche nicht trainieren |
Grund: Dienstag Zahnarzttermin | Donnerstag Klassenkonferenz als Klassensprecher |
Bitte: trotzdem am Samstag spielen und Abwesenheit entschuldigen |
Vorschlag: Montag und Mittwoch allein im Wald laufen als Training

2 Hilf Erdem, seinem Trainer Herrn Müller eine E-Mail mit allen nötigen Informationen zu schreiben. Ein Anfang ist schon gemacht. Da Erdem erst seit kurzem in dem Verein spielt, siezt er seinen Trainer.

Merkkasten

Orientiere dich beim Aufbau der **E-Mail** an den Bausteinen eines Briefes (siehe Merkkasten auf S. 4).
Bis auf das Datum kannst du alles genauso in der E-Mail übernehmen.
Das Datum erscheint bei einer E-Mail immer schon automatisch.

An: thomas.mueller@tus-rueckenberg.de

Betreff: Spiel am Samstag

Lieber Herr Müller,

am Wochenende ist unser Spiel gegen den SV Arminia, bei dem ich ______________________

____

____

____

____

____

____

____

Mehr Bälle, bitte!

Die Schülerinnen und Schüler der Klasse 6c sind verärgert. Immer wenn sie in der Pause Fußball spielen wollen, ist der einzige Pausenball schon von anderen Klassen in Gebrauch. Sarah, die Klassensprecherin, soll daher bei der Schülervertretung (SV) um mehr Bälle bitten.

1 Schreibe Sarahs E-Mail an die SV. Nutze die Informationen aus dem Wortspeicher und aus dem Merkkasten auf S. 4. Bis auf das Datum kannst du die Infos auch für E-Mails nutzen.

In letzter Zeit | Klasse 6c | oft keinen Ball in der Pause abbekommen | frustrierend | Bewegung wichtig | Stärkung der Klassengemeinschaft | Antrag stellen | für den 6. Jahrgang je Klasse einen Fußball | freuen uns auf Antwort | Sarah (Klassensprecherin der 6c)

An: schuelervertretung@igs-husum.de

Betreff: Bälle für Jahrgang 6

Liebe SV,

Cayan, vom Pech verfolgt

Cayan war gestern im Sportunterricht etwas übermotiviert. Nach dem Reckabbau trug er die Reckstange mit viel Schwung. Dabei verlor er die Kontrolle über die Stange, sodass sie in das Fenster der Lehrer-Umkleidekabine schlug. Damit die Versicherung der Schule für den Schaden aufkommt, müssen Cayan und seine Sportlehrerin einen Unfallbericht verfassen.

1 Cayans Sportlehrerin hat bereits angefangen, das Formular für den Unfallbericht auszufüllen. Für den Bericht des Unfallhergangs hat sie Cayan um Hilfe gebeten. Ergänze den Lückentext für ihn.

zerbrach | der Reckstange | Schwung | die Turngeräte | in die Fensterscheibe

Unfallbericht

Unfallbeteiligte:	Cayan Kemal, Schüler
Zeugen:	Louisa Karger, Sportlehrerin
Datum und Zeit:	Dienstag, 02.11.2021, 11.10 Uhr
Ort:	Sporthalle der IGS Holweide, 51067 Köln

Unfallhergang: Der Schüler Cayan Kemal baute am Ende der Stunde mit seinen Mitschülern ______ ab. Beim Tragen ______ hatte er zu viel ______ und die Stange schlug ______ der Lehrerumkleidekabine, die direkt an die Turnhalle angrenzt. Dabei ______ die Scheibe.

Unfallfolgen: Die Scheibe muss ersetzt werden. Die Kosten belaufen sich auf ca. 800 Euro.

Merkkasten

Wenn ein Unfall geschehen ist oder etwas gestohlen wurde, muss oft ein **Bericht** für die **Polizei** oder die **Versicherung** geschrieben werden. Dabei musst du ein paar Dinge beachten:

- **Einleitung:** Sie ist **kurz** und enthält die wichtigsten Informationen: **Was** ist **wem**, **wann** und **wo** passiert?
- **Hauptteil:** Er beschreibt **knapp und sachlich** (keine Vermutungen oder Gefühle!), aber vollständig, was passiert ist.
- **Schluss:** Er kann zusätzliche Informationen bringen und enthält oft auch die Folgen.

Achte beim Berichten auf die **zeitliche Reihenfolge** der Geschehnisse und erfinde nichts hinzu. Deine eigene Meinung musst du weglassen, also **absolut sachlich** berichten.

Nutze die Formen der Vergangenheit, vor allem das **Präteritum!** (Ich fuhr… / ich sah…)

2 Vier Wochen später hatte Cayan noch einmal Pech. Als er aus der Schule kam, war sein Fahrrad nicht mehr da. Nur das aufgebrochene Schloss lag noch am Fahrradständer. Glücklicherweise hatte Cayans Vater beim Kauf des Fahrrads auch eine Diebstahlversicherung abgeschlossen. Die Versicherung benötigt nun einen Bericht. Lies Cayans Stichwörter zum Tathergang:

Einleitung:

- Montag, 06. Dezember 2021, zwischen 7.45 Uhr und 12.30 Uhr
- mein Fahrrad wurde gestohlen
- IGS Holweide, 51067 Köln

Hauptteil:

- morgens das Rad am Fahrradständer um 7.45 Uhr angeschlossen, Abakus Zahlenschloss
- Fahrradmarke: McWind
- nach der Schule um 12.30 Uhr: aufgebrochenes Schloss lag noch auf dem Boden, Fahrrad weg
- das kann bezeugen: Emil Finke (Klassenkamerad)

Schluss:

- gestohlenes Fahrrad war erst ein Jahr alt
- kostete 565 Euro (Rechnung liegt bei)
- bitte um Überweisung auf das Konto meines Vaters

3 Fertige Cayans Bericht zum Tathergang an.

Arme Ritter oder French Toast?

Eriks und Leontines Eltern leben getrennt. Das Wochenende verbringen die beiden Kinder meistens bei ihrem Vater. Dort haben sie am Sonntag zum ersten Mal das Gericht „French Toast“ gemacht, das auch unter dem Namen „Arme Ritter“ bekannt ist. Leontine war so von dem Frühstück begeistert, dass sie ihrer Mutter eine Kurznachricht mit dem Smartphone dazu geschrieben hat.

1 Lies den Nachrichtenaustausch zwischen Leontine und ihrer Mutter.

Liebe Mama,

wir haben heute früh „French Toast“ mit Papa gemacht. Kennst du das? Das ist soooo lecker ☺. Wir haben die Toastbrote in der Pfanne in Butter gebraten, aber anderes Fett wäre auch in Ordnung gewesen. Der Toast war von den Eiern richtig durchgeweicht, sodass sie schön saftig waren. Der Zimt hat den Dingern den richtigen Pfiff gegeben. Ach so, einen Schuss Milch hatten wir auch dran gemacht. Und umdrehen musste man sie natürlich. Dann waren sie goldbraun. Am Schluss haben wir noch Ahornsirup darüber laufen lassen. Können wir die mit dir auch mal machen? Kuss, Leontine.

Hallo ihr zwei,

ich freue mich, dass ihr eine gute Zeit mit eurem Vater verbringt. Ich bin nicht sicher, ob ich bei dem Rezept alles richtig verstanden habe. Es gibt ein Gericht, das heißt „Arme Ritter“, das klingt so ähnlich. Vielleicht ist es dasselbe? Erik, bitte hilf deiner Schwester, den Vorgang zu sortieren, dann kann ich euch sagen, ob ich das Gericht kenne. Kuss, Mama

2 Erik und Leontine haben Stichwörter aus Leontines Nachricht herausgelöst und auf einem Zettel notiert. Erik hat fehlende Informationen ergänzt. Bringe die Arbeitsschritte in die richtige Reihenfolge:

- ☐ Toastbrote in die heiße Pfanne geben
- ☐ Pfanne mit Öl oder Butter erhitzen
- ☐ Eier in Schüssel aufschlagen, Eiweiß und Eigelb mit Schneebesen vermischen
- ☐ Toastbrote in Ei-Milch-Zimt-Mischung einweichen
- ☐ Zimt an die Ei-Milch-Mischung geben und weiterrühren, bis leicht schaumig
- ☐ Milch zu den Eiern hinzufügen, Ei-Milch-Mischung weiter verrühren
- ☐ Toast in der Pfanne wenden
- ☐ braten von beiden Seiten, bis sie goldbraun sind
- ☐ Ahornsirup

3 a) Lies im Merkkasten, wie man eine Vorgangsbeschreibung schreibt.

b) Sicher hast du bemerkt, dass den Notizen in Aufgabe 2 noch eine Einleitung fehlt. Wähle von den drei Möglichkeiten eine gute Einleitung aus:

- ☐ Für „French Toast" brauchst du ein paar Eier, Milch und natürlich Toastbrot.
- ☐ Für das Gericht „French Toast" (für vier Personen) benötigst du 8 Scheiben Toastbrot, 4 Eier, 80 ml Milch, Zimt, etwas Butter oder Öl und Ahornsirup.
- ☐ Wenn du das Frühstück machen willst, brauchst du ein paar Zutaten, wie z. B. Eier.

4 Formuliere die Stichwörter aus Aufgabe 2 zu ganzen Sätzen um und schreibe die vollständige Vorgangsbeschreibung auf. Beginne so:

French Toast

Für das Gericht „French Toast" (für vier Personen) benötigst du 8 Scheiben Toastbrot, 4 Eier, 80 ml Milch, Zimt, etwas Butter oder Öl und Ahornsirup. So gehst du vor:

1. Du schlägst die Eier in einer Schüssel auf und vermischt Eigelb und Eiweiß mit einem Schneebesen.

2. ______________________________

____

____

____

____

____

____

____

Merkkasten

Mit einer **Vorgangsbeschreibung** kannst du jemanden darüber informieren, wie etwas hergestellt wird.
- Nenne zunächst benötigte **Materialien, Zutaten** oder **Werkzeuge**.
- Beschreibe die einzelnen **Handlungsschritte** genau und in der **richtigen Reihenfolge**.

Achte insgesamt auf Folgendes:
- Nutze **passende Verben** für die Tätigkeiten.
- Schreibe im **Präsens** oder im **Imperativ** (dazu kannst du auf Seite 56 nachlesen).
- Bleib bei einer **einheitlichen Ansprache**: du, Sie oder man.
- Verwende **passende Fachwörter** (z. B. Schneebesen, Pfannenwender …).
- Denke auch an eine **passende Überschrift**.

Fischstäbchen-Sandwiches

Elena hat vor kurzem mit ihrer großen Schwester zusammen Fischstäbchen-Sandwiches zubereitet. Das Gericht hat ihr so gut gefallen, dass sie ihrer Freundin Jette davon erzählt hat. Nun möchte Jette das Essen gern nachkochen, doch niemand kann das Rezept finden. Elena muss es selbst schreiben. Glücklicherweise hat sie Fotos gemacht. Hilf ihr beim Schreiben des Rezepts.

1 Schau dir die Fotos an und notiere darunter, was im jeweiligen Arbeitsschritt gemacht werden muss. Ein Anfang ist bereits gemacht.

Zutaten für 4 Personen:

8 Scheiben Toastbrot

1 Packung Fischstäbchen

2 Fertige eine vollständige Vorgangsbeschreibung für das Rezept „Fischstäbchen-Sandwiches“ an. Die Informationen aus dem Merkkasten auf Seite 11 werden dir dabei helfen. Beginne so:

Fischstäbchen-Sandwiches

Für das Rezept „Fischstäbchen-Sandwiches“ (4 Personen) benötigst du eine Packung Fischstäbchen, etwas Öl, 8 Toastbrotscheiben, Ketchup und Salat.

So gehst du vor:

1. Zunächst erhitzt du das Öl in einer großen Pfanne.
2. Wenn das Öl schön heiß ist,

3 Du hast die Arbeitsschritte in der du-Form beschrieben. Schreibe sie hier noch einmal im Imperativ auf.

1. Erhitze das Öl in einer großen Pfanne.
2. Füge die Fischstäbchen hinzu, wenn

Der neue Scooter

Johanna hat zum 13. Geburtstag einen neuen Scooter bekommen. Doch es scheint, als bringe die Zahl „13" ihr kein Glück. Gleich bei der ersten Fahrt ist sie mit ihrem neuen Gefährt über eine Kastanie gefahren. Dabei ist ihr Scooter weggerutscht und hat die Tür eines parkenden Autos beschädigt. Nun muss sie für die Versicherung einen Bericht anfertigen.

Was ist geschehen?
- ein grüner Pkw (Kennzeichen: BS – H 213) wurde beschädigt

Wo ist es geschehen?
- Buchholzer Straße, Höhe Hausnummer 22, 38106 Braunschweig

Wann ist es geschehen?
- Sonntag, 24.10.2021, 14.30 Uhr

Wer hat den Schaden verursacht?
- ich: Johanna Bubatz

Wie ist es genau passiert?
- war mit dem Scooter auf dem Bürgersteig (Buchholzer Straße) unterwegs
- fuhr über eine Kastanie
- Scooter rutschte weg, schlug gegen Tür des Pkws (Beule in der Tür, Kratzer im Lack)

1 Lies Johannas Notizen und verfasse den Bericht über den Unfallhergang. Die Hinweise des Merkkastens auf Seite 8 helfen dir dabei.

Smoothie-Fieber

Tavi liebt Smoothies und hat mit seinem Quetsch-Obst-Fieber inzwischen die ganze Klasse angesteckt. Vor kurzem hat er einen neuen Beeren-Smoothie kreiert. Sein Freund Norik hat den Smoothie probiert und war begeistert. Er hat Tavi gebeten, das Rezept für ihn aufzuschreiben. Hilf Tavi dabei, seine Notizen in eine Vorgangsbeschreibung umzuwandeln.

Very-Berry-Smoothie

Zutaten: 150 g Beeren nach Wahl (z. B. Erdbeeren, Blaubeeren, Himbeeren), 1/2 Banane, 100 ml Orangensaft, 150 g Joghurt, Ahornsirup oder Honig

- Beeren waschen und trocknen
- Banane schälen und in Stücke schneiden
- Beeren, Banane, Orangensaft und Jogurt in einen Standmixer geben
- Standmixer mit Deckel verschließen und alle Zutaten mindestens eine Minute vermischen
- Smoothie mit Ahornsirup nach Geschmack süßen

1 Lies die Notizen für die Smoothie-Zubereitung und fertige eine Vorgangsbeschreibung an. Die Informationen aus dem Merkkasten auf Seite 11 helfen dir dabei. Beginne so:

Very-Berry-Smoothie

Für diesen leckeren Smoothie benötigst du folgende Zutaten:
150 g Beeren nach Wahl (z. B. Erdbeeren, Blaubeeren, Himbeeren), 1/2 Banane, 100 ml Orangensaft, 150 g Joghurt und Ahornsirup oder Honig nach Geschmack.

So gehst du vor:

1. Zunächst wäschst du die Beeren und ______
2. ______

______

______

______

______

______

Beliebt – beliebter – Handy

Elektronische Geräte sind aus den meisten Kinderzimmern nicht mehr wegzudenken. Besonders Handys und Smartphones sind bei Kindern und Jugendlichen beliebt.

1 Verschaffe dir einen Überblick über die Infografik. Um welches Thema geht es?

Gerätebesitz der Kinder

Von 100 Kindern besaßen im Jahr 2020:

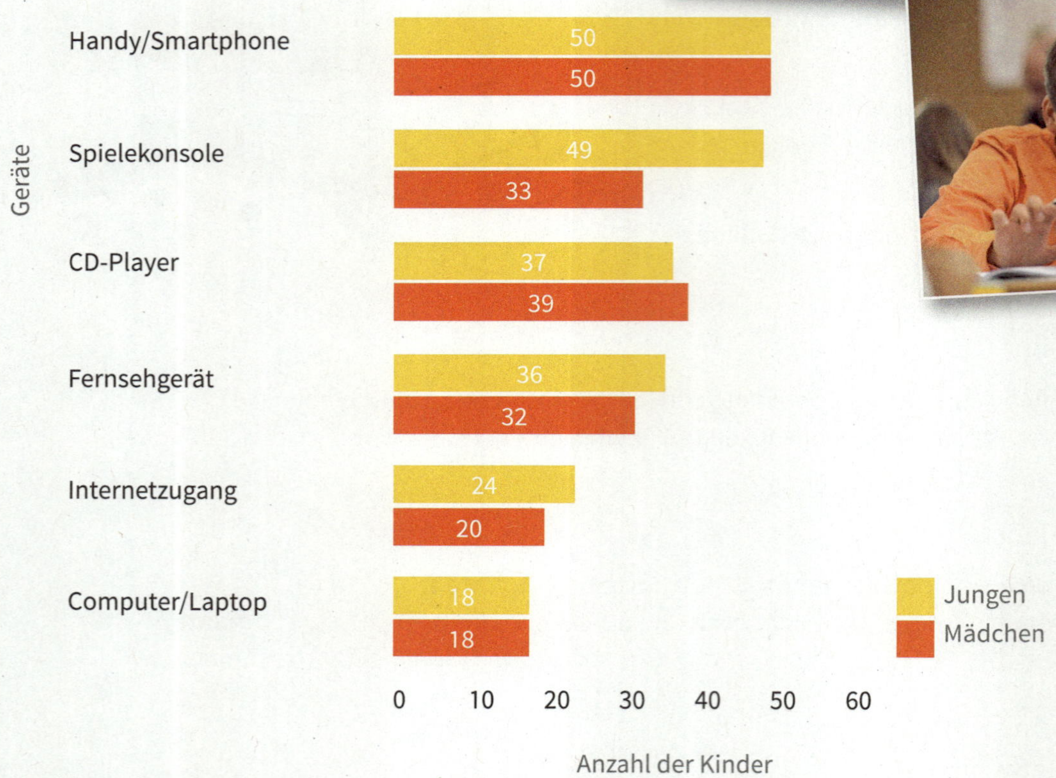

Quelle: KIM-Studie 2020, Medienpädagogischer Forschungsverbund Südwest (www.mpfs.de).
Befragt wurden 1.216 Kinder im Alter von 6 bis 13 Jahren und deren Erziehungsberechtigte

2 Um welche Art von Infografik handelt es sich? Kreuze die richtige Antwort an:

- ☐ Balkendiagramm
- ☐ Tortendiagramm
- ☐ Säulendiagramm
- ☐ Kurvendiagramm

3 Welche Quelle wurde benutzt und aus welchem Jahr stammt sie?

4 Im folgenden Text fehlen einige Informationen. Fülle die Lücken. Schau dir dazu die Infografik noch einmal genau an.

Die Infografik „Gerätebesitz bei Kindern“ stammt aus dem Jahr ________.

Für die KIM-Studie wurden ________ Kinder im Alter von ________ bis ________ Jahren sowie deren Erziehungsberechtigte befragt.

Das beliebteste elektronische Gerät bei Kindern dieser Altersklasse ist ________ ________. Mit 50 von 100 Kindern ist es bei ________ und ________ gleich beliebt.

Fast genauso oft besitzen Jungen ________.

________ von 100 Jungen haben eine eigene. In diesem Bereich gibt es jedoch einen großen Unterschied zu den Mädchen. Nur ________ von 100 Mädchen besitzen eine eigene Spielekonsole.

Das elektronische Gerät, das bei Mädchen etwas beliebter ist als bei den Jungen, ist der ________. 39 von ________ Mädchen haben einen.

Bei den Jungen sind es mit ________ Geräten etwas weniger.

Genau andersherum verhält es sich bei den eigenen Fernsehgeräten. Mit ________ von 100 Kindern haben hier die ________ wieder die Nase vorn.

Das Gerät, das die wenigsten Kinder besitzen, ist ein ________.

5 Schreibe auf, wie es sich beim Internetzugang von Jungen und Mädchen verhält. Schau dazu noch einmal in der Infografik nach.

____

____

6 Wie ist es bei dir? Welche der Geräte aus der Info-Grafik besitzt du? Notiere sie hier:

____

____

____

Patti – die Kinderzeitung

1 Schau dir die Webseite an und verschaffe dir einen ersten Überblick.

Startseite | **Nachrichten** | Handyspiele | Wissen

Krötenwanderung beginnt

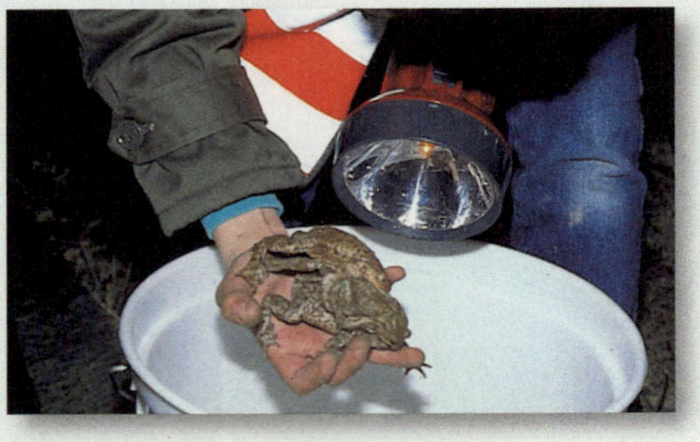

Die Kröten sind los! Pünktlich zum Start in das Frühjahr sind die kleinen grünbraunen Amphibien unterwegs. Ab einer Temperatur von 5 Grad Celsius erwachen sie aus der Winterstarre und machen sich auf den Weg.

→ Weiterlesen

Positiver Trend

Die Zahl der Fahrradunfälle, bei der es zu Toten und Verletzten kam, hat sich im Jahr 2020 um 13 % zum Vorjahr verringert. Dennoch ist die Zahl der Verletzten erschreckend hoch: 342.300.

→ Weiterlesen

Fußball vor, noch ein Tor

Fußball unterhält alle Menschen unserer Gesellschaft, egal in welchem Alter. Auch bei den Kindern ist es nach wie vor die beliebteste Sportart. Über eine Million Kinder spielen im Verein Fußball. Zu Zeiten einer Welt- oder Europameisterschaft sind die Zahlen sogar noch höher.

→ Weiterlesen

Mit neuem Album auf Tour

Das Warten hat sich gelohnt! Pünktlich zum Erscheinen ihres neuen Albums „Can't beat that" geht die beliebte Rock-Band „Road 75" auf große Europatournee. Dabei werden sie auch in Deutschland haltmachen. Wer ein Ticket möchte, muss schnell sein.

→ Weiterlesen

Kontakt | Impressum | Datenschutz | Cookie-Einstellungen

2 Um was für eine Internetseite handelt es sich? Kreuze an:

☐ Wetterdienst ☐ Internetzeitung für Kinder ☐ Schulwebseite

3 Welche Menüpunkte lassen sich auf der Seite finden? Kreuze an:

☐ Nachrichten ☐ Buch-Empfehlungen ☐ Startseite
☐ Handyspiele ☐ Wissen ☐ TV-Tipps

4 Welcher dieser Menüpunkte wurde angewählt? ______________________

5 Die verschiedenen Nachrichten können Oberbegriffen zugeordnet werden.
a) Lies dir die Nachrichten noch einmal durch.
b) Verbinde die Überschrift der Nachrichten (auch „Schlagzeile" genannt) mit dem passenden Oberbegriff.

Schlagzeile	Oberbegriff
Positiver Trend	Sport
Mit neuem Album auf Tour	Natur
Fußball vor, noch ein Tor	Musik
Krötenwanderung beginnt	Verkehr

6 Was muss man tun, wenn man mehr über eine Nachricht erfahren möchte?

____

7 Hast du alle Nachrichten verstanden? Beantworte folgende Fragen zu deren Inhalt.
a) Ab welcher Temperatur erwachen die Kröten aus der Winterstarre?

____

b) Gab es im Vergleich zum Vorjahr im Jahr 2020 mehr Tote und Verletzte bei Fahrradunfällen oder weniger? Kreuze an:

☐ mehr ☐ weniger

c) Wie viele Kinder spielen im Verein Fußball? ______________________

d) Welche Band geht auf große Europatournee? ______________________

e) Wie heißt das neue Album der Band „Road 75"? Kreuze an:

☐ All for gold ☐ Can't beat the feeling ☐ Can't beat that

Fake-News auf der Spur

Video: ▶ WEBCODE **WES-121576-001**

1 Lies den Merkkasten zum Thema „Sachtexte lesen und verstehen“.

Merkkasten

Um **Sachtexte** leichter zu verstehen, gehe in folgenden Schritten vor:

1. Schau dir die **Überschrift** an und überlege: Worum könnte es in diesem Text gehen?
2. Wenn es **Bilder oder Illustrationen** gibt: Schau sie dir ebenfalls an. Was haben sie mit dem Text zu tun?
3. Lies nun den Text gründlich. **Markiere** dabei **Textstellen**, die du wichtig findest.
4. **Unterstreiche Wörter**, die du nicht verstehst. Frage jemanden oder schlage im Wörterbuch nach.
5. Finde für jeden Absatz eine **Zwischenüberschrift** und schreibe sie darüber oder an den Rand, wenn nicht genug Platz über dem Absatz ist.

2 Lies nun den Sachtext „Vorsicht, FAKE!“ auf Seite 21 und wende die Schritte aus dem Merkkasten an.

3 Beantworte die folgenden Fragen:

a) Was haben die Schlagzeilen auf dem Zettel mit dem Text zu tun?

____

____

b) Wie lässt sich „Fake News“ ins Deutsche übersetzen? Kreuze die korrekte Übersetzung an.

☐ Falsche Freunde ☐ Halbwahre Nachrichten ☐ absichtliche Fehlinformationen

c) Welche drei Gründe werden im Abschnitt „Warum gibt es Fake News?“ genannt, die Menschen verleiten, Fake News zu verbreiten?

____

____

____

d) Welche Konsequenzen haben Fake News? Kreuze an.

☐ Sie können den Ruf einer Person oder Gruppe zerstören.
☐ Sie sorgen für volle Wahllokale.
☐ Sie erschweren es, die Wahrheit von Nachrichten zu erkennen.
☐ Sie unterstützen den respektvollen Umgang miteinander.

Vorsicht, FAKE!

Mirja Störmer-Zabeida

+++ Außerirdische bestellen bei Pizzabringdienst – und bezahlen nicht! +++ Mann nimmt an einem Tag 150 kg ab +++ Regierung beschließt: Alle Schulen in Deutschland werden abgeschafft +++ …

Dem Begriff „Fake News" begegnet man immer wieder. Doch was sind eigentlich Fake News und warum sind sie problematisch?

Was sind Fake News?

„Fake News" sind genau genommen gefälschte Nachrichten oder absichtliche Fehlinformationen. Diese treten besonders oft im Internet auf, aber auch in den herkömmlichen Medien kann man sie finden.

Warum gibt es Fake News?

Einigen Menschen macht es einfach Spaß, andere an der Nase herumzuführen. Sie fühlen sich dann überlegen.

Oft werden Fake-News aber auch eingesetzt, um bestimmte Gruppen oder einzelne Menschen schlecht zu machen. Das passiert zum Beispiel häufig vor Wahlen. Dabei werden politische Parteien oder Politiker der Parteien schlecht gemacht, um andere besonders gut dastehen zu lassen.

Ein anderer Grund hat etwas mit Geld zu tun, denn einige Menschen verdienen mit dem Internet Geld. Ihnen geht es darum, dass möglichst viele Menschen ihre „Nachrichten" anklicken. Je auffälliger die Nachrichten sind, desto mehr Leute schauen sich z. B. das Video dazu an oder lesen ihren Text. Und mit jeder Person, die auf die „Fake News" klickt, verdienen diese Menschen über die Werbung auf der Internetseite Geld. Diese „krassen" Nachrichten werden zum Beispiel auch über Soziale Medien weitergeleitet und somit verbreitet.

Welche Probleme bringen Fake News mit sich?

Auf einen harmlosen Streich reinzufallen, ist zunächst einmal nichts Schlimmes. Anders sieht es aus, wenn durch die Fake News der Ruf eines Menschen oder einer Partei zerstört wird. Wenn eine falsche Nachricht erst einmal im Internet im Umlauf ist, ist es fast unmöglich, sie zu stoppen.

Die Falschbehauptungen zerstören oft das Ansehen einer Person und können auf diese Weise sogar ihr ganzes Leben zerstören.

Doch es gibt noch ein weiteres Problem: Durch die vielen Lügen, die im Internet umherschwirren, wird es immer schwerer, die Wahrheit zu erkennen. Das verunsichert die Menschen und sie trauen niemandem mehr. Dann gehen sie zum Beispiel nicht mehr wählen oder wählen Parteien, die schädlich für unsere Demokratie sind.

4 Erfinde selbst Fake-News-Überschriften. Die Stichwörter im Wortspeicher helfen dir bei der Ideenfindung. Du kannst auch eigene Ideen verwenden.

Katzen – Menschen-Drillinge – großziehen | Mann – Weltraumkapsel – Erdarbeiten
Junge – Kettcar – 250 km/h | Kinder – höchstes Gebäude der Welt

Der Sensenmann

Merkkasten

Die meisten Geschichten kann man in **Einleitung, Hauptteil** und **Schluss** einteilen. Oft steigert sich die **Spannung** im Verlauf der Handlung immer mehr, bis sie auf dem Höhepunkt angekommen ist. Danach fällt sie meist wieder ab. Man spricht daher auch von einer **Spannungskurve**.

3. Schritt: Höhepunkt

2. Schritt: Die Spannung steigert sich weiter

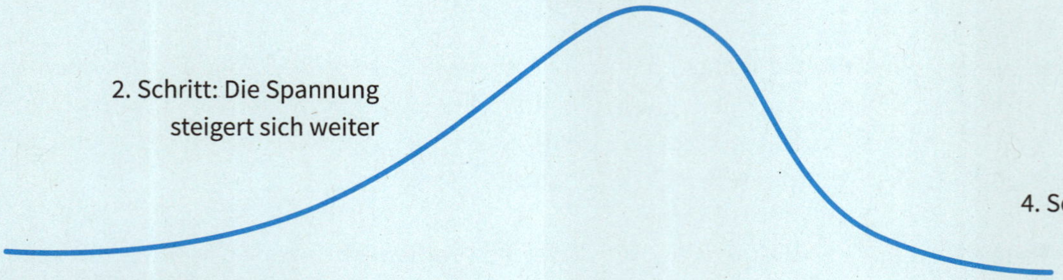

4. Schritt: Auflösung der Spannung

1. Schritt: Aufbau der Spannung

1 Lies die Geschichte „Der Sensenmann“ und unterstreiche unbekannte Wörter. Schlage sie dann im Internet oder Wörterbuch nach. Du kannst auch einen Erwachsenen fragen.

2 Lies den Text ein zweites Mal und markiere mit einem großen Ausrufezeichen die spannendste Stelle.

3 Füge ein kurzes Stichwort für jeden Schritt in die Spannungskurve ein. Ein Beispiel ist bereits vorgegeben.

3. Schritt: ______________________

____

____

2. Schritt: ______________________

____

____

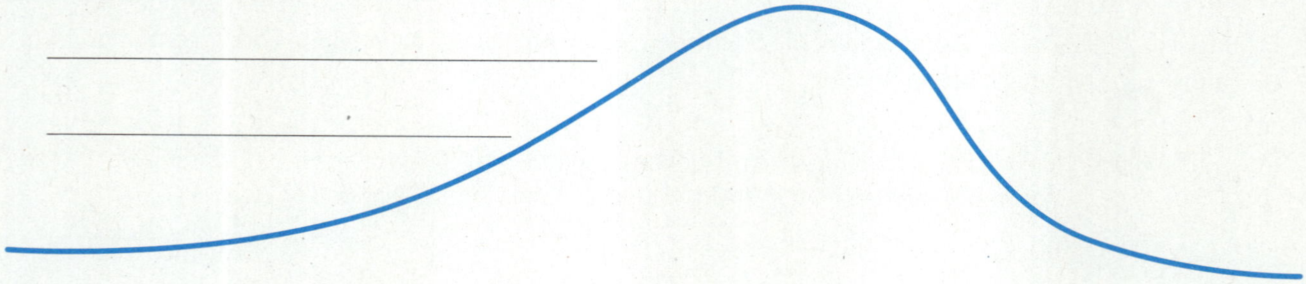

1. Schritt: Dunkle Gestalt

beobachtet Halloween-Kinder

____

4. Schritt: ______________________

____

____

Der Sensenmann

Mirja Störmer-Zabeida

„Süßes oder Saures!“, riefen die Kinder vor der Haustür einer alten Dame.
„Ihr immer mit diesem amerikanischen Kram. Was ist nur aus Sankt Martin geworden?“ Die alte Dame schüttelte den Kopf, holte aber dennoch einen großen Eimer aus dem Hausflur. „Dann greift mal schön rein. Jeder aber nur ein Stück, damit es für alle reicht.“
Von der anderen Straßenseite aus wurden die Kinder von einer dunkel gekleideten Person beobachtet. Die Gestalt wartete, bis die Kinder verschwunden waren, überquerte die Straße und trat aufs Nachbarhaus zu. Sie hatte eine Sense über die Schulter gelegt, die Kapuze tief ins Gesicht gezogen. Mit einem Quietschen öffnete sich die Gartenpforte. Schlurfend tappte die gruselige Gestalt zur Haustür. Die Kerze im Halloweenkürbis flackerte unruhig im Wind.
Die Gestalt wollte gerade den Klingelknopf drücken, da öffnete sich wie von Geisterhand die Tür, eine Frau in einem eleganten Mantel erschien und sagte: „Oh, Lorenz, toll dass du schon da bist. Das bist doch du hinter der Maske, oder? Wir wollten gerade los. Komm rein. Collin holt gerade den Gehirnwackelpudding aus dem Kühlschrank.“
Nun erschien auch Collins Vater und drängelte sich an der Gestalt vorbei. „Hey Lorenz, have a nice evening“, sagte er.
„Collin! Wir fahren los ins Restaurant! Viel Spaß heute Abend und passt auf euch auf!“, rief Collins Mutter in die Küche.
„OK, Mama. Euch auch viel Spaß!“, schallte es zurück. Die Tür fiel ins Schloss und die Gestalt mit der Sense und der gruseligen Maske trat in die Küche.
„Huahhhh!“, entfuhr es Collin, als er den Henker mit seiner Sense plötzlich in der Küche stehen sah. Dabei rutschte der Gehirnwackelpudding vom Teller, den Collin gerade trug, und landete mit einem lauten „Platsch“ auf dem Fliesenboden. Collin war wie versteinert und starrte den Sensenmann an. Sein Herz klopfte ihm bis zum Hals und panisch überlegte er, wie er sich gegen den Eindringling verteidigen könnte. Sollte er seine Karatekünste anwenden? Sich ein Fleischermesser aus dem Messerblock nehmen? Ihm den Teller über den Kopf ziehen? Tausend Gedanken schossen ihm durch den Kopf, als die Stimme der gruseligen Gestalt die angespannte Stille unterbrach: „Sorry, Mann, ich wollte dich gar nicht erschrecken.“
Erst jetzt bemerkte Collin, wer hinter der gruseligen Verkleidung steckte. „Alter, Lorenz, hast du mich geschockt! Mein Herz ist fast stehen geblieben! Was soll denn das?“
„Tut mir leid, deine Mutter hat mich reingelassen, als ich gerade klingeln wollte. Ich habe nicht daran gedacht, dass du das nicht mitbekommen hast“, verteidigte sich Lorenz. Ihm tat der Freund sehr leid, wie er jetzt so zitternd und leichenblass vor ihm stand. „Steht dir aber, die krasse Blässe“, witzelte er nun. „Sollen wir gleich los auf ‚Süßes oder Saures‘-Tour? Den Pudding können wir eh vergessen und du siehst aus wie eine echte Leiche!“
„Ich bring dich gleich um, Sensenmann!“, lachte Collin nun gemeinsam mit dem Freund. „Dann essen wir eben zermatschten Wackelpudding – das sieht noch echter nach Gehirn aus.“
Collin holte nun auch seine Gruselmaske aus der Garderobe, zog sich einen schwarzen Umhang an und schlug seinem Freund spielerisch mit einem Gummi-Beil in den Nacken. „Mann, heute Abend habe ich Mitleid mit jedem, der sich wirklich fürchtet“, sagte er.
„Ich auch, mein Freund, ich auch“, erwiderte Lorenz. Und er meinte es auch so.

Der alte Bunker

1 Schau das Bild an. Schlage dann im Lexikon oder Internet nach, was ein Bunker ist. Du kannst auch einen Erwachsenen fragen.

____

____

____

2 Lies nun die Geschichte „Der alte Bunker“.

3 Die Geschichte „Der alte Bunker“ endet auf dem Höhepunkt. Wie könnte es weitergehen? Schreibe die Geschichte von Laura und Bjarne in deinem Heft zu Ende. Achte darauf, auch im **Präteritum** (einfache Vergangenheit) und aus **der Er-/Sie-Perspektive** zu schreiben. Nutze außerdem **anschauliche Verben** und **Adjektive** sowie **wörtliche Rede**.

Du kannst Ideen aus dem Wortspeicher für deine Geschichte verwenden:

> Taucher nahmen die Kiste mit zum Parkplatz | sehr schwer | Laura und Bjarne folgten ihnen | die Kinder taten so, als würden sie joggen | schauten in die offene Kiste | Fische

So kannst du beginnen:

*Die beiden Taucher schleppten die schwarze Kiste gemeinsam Richtung Parkplatz.
Dabei fluchten sie mit jedem Schritt, wie schwer sie war.
„Ich habe dir extra gesagt, du sollst nicht so gierig sein“, schimpfte der eine.
Sein Partner antwortete: „Wer viel haben will, muss auch viel investieren.“
Bjarne und Laura liefen in einigem Abstand geduckt hinter ihnen her...*

____

____

____

____

____

____

____

Der alte Bunker

Mirja Störmer-Zabeida

„Sechs Wochen Ferien! Das ist ein Traum!", rief Laura ihrem großen Bruder zu.
Der 12-jährige Bjarne drehte sich verschlafen um und zog sich die Decke über den Kopf. „Lass mich, ich will noch schlafen."
„Steh auf, du Langweiler! Das sind unsere ersten Ferien, seit wir an die Nordsee gezogen sind."
Plötzlich war Bjarne hellwach. „Du hast recht!"
In Windeseile waren die beiden angezogen, die Treppe hinuntergestürmt und hatten ihr Frühstück verschlungen. Ihre Eltern waren schon bei der Arbeit.

Vor einigen Tagen hatten Laura und Bjarne beim Spaziergang mit der Familie einen alten Bunker am Strand entdeckt. Bis zu dem Zeitpunkt waren sie immer noch über den Umzug der Familie an die Nordsee verärgert, denn sie vermissten ihre alten Freunde. Doch als ihr Vater ihnen erzählte, dass die alten, kleinen Betongebäude im zweiten Weltkrieg dazu dienten, Angriffe über das Meer abzuwehren, waren ihrer Fantasie keine Grenzen mehr gesetzt.
Tag und Nacht redeten sie davon, dass sie den Bunker ergründen und dort ihre „Zentrale" errichten wollten, wie „Die drei Fragezeichen", die jungen Detektive aus der Hörspielserie. Sicher gab es hier im Ort auch ein paar Kriminalfälle aufzuklären. Man musste nur Augen und Ohren offenhalten.

Nach dem Frühstück schnappten sich die Kinder ihre Fahrräder und radelten zur Küste.
„Lass uns die Räder hier oben auf dem Wall an einer Laterne anschließen. Dann schleichen wir uns runter zum Bunker. Falls jemand da ist, sehen wir ihn, bevor er uns sieht", rief Bjarne. Er hatte schon einen genauen Plan, wie er den Bunker für sich gewinnen wollte. Doch die beiden hatten Glück. Außer ein paar Menschen, die versuchten, ihre Drachen steigen zu lassen, war um diese frühe Uhrzeit noch niemand am Strand zu sehen. Dennoch liefen sie geduckt zum Bunker, wie sie es in Filmen gesehen hatten.
Sie traten ein. Es dauerte ein wenig, bis sich ihre Augen an die Dunkelheit gewöhnt hatten. Es roch muffig und fühlte sich sehr feucht an. Der Bunker war leer. Fast zumindest. Denn in der Ecke stand eine schwarze Kiste aus Metall. Sie war mit einem Vorhängeschloss verriegelt.
„Seltsam. Wer stellt denn so etwas hier ab?", wunderte sich Bjarne laut.
„Vielleicht ist da ein Schatz drin!", erwiderte Laura aufgeregt.
„Quatsch! Den würde doch hier niemand stehenlassen. Los, wir holen einen Stein und versuchen, das Schloss zu knacken."
„Dürfen wir das denn?", Laura war die Sache plötzlich nicht geheuer.
„Tja, wer seine Sachen hier einfach stehen lässt, der hat keinen Anspruch mehr darauf", war sich Bjarne sicher. „Los, Tempo. Bevor noch andere kommen und wir unsere Beute teilen müssen."

Die beiden liefen geduckt aus dem Bunker heraus und in die Dünen.
„Hier gibt es keine Steine, nur Treibholz", stellte Laura nach einer Weile des Suchens enttäuscht fest.
„Nun gut, dann nehmen wir das eben. Es könnte auch damit gehen. Versuchen wir es."

Als die beiden zurück zum Bunker wollten, froren sie mitten in der Bewegung ein.
„Los, runter!", rief Bjarne.
Die Geschwister warfen sich hinter der Düne in den Sand. Vorsichtig lugten sie durch das Gras. Zwei Männer in Taucheranzügen hatte gerade den Bunker mit ihren Harpunen erreicht und traten geduckt ein.
Das Herz schlug Laura bis zum Hals. „Was machen die da?", flüsterte sie Bjarne aufgeregt zu.
„Keine Ahnung. Die kommen sicher wegen der Kiste. Wusste ich doch, dass da etwas faul ist."
„Und jetzt?", bohrte Laura weiter. Doch auf eine Antwort brauchte sie nicht zu warten, denn in dem Moment kamen die beiden Taucher schon wieder aus dem Bunker. Gemeinsam trugen sie die schwarze Kiste. Sie schien schwer zu sein.

Die beiden Frösche

Video: ▶ WEBCODE WES-121576-002

1 Schau dir die Illustration zur Fabel „Die beiden Frösche an". Worum könnte es in der Geschichte gehen?

____

____

____

____

2 2. Lies die Fabel „Die beiden Frösche".

Die beiden Frösche

Eine Fabel von Äsop, nacherzählt von Mirja Störmer-Zabeida

Zwei Frösche, deren Tümpel die Sonne ausgetrocknet hatte, machten sich auf Wanderschaft, da sie sehr durstig waren. Nach langer Zeit erreichten sie abends einen Bauernhof. Dort fanden sie eine Schüssel mit Milch, die der Bauer zum Abrahmen hingestellt hatte. Sie sprangen hinein und tranken sich satt.
Als sie jedoch wieder hinauswollten, schafften sie es nicht, denn der Rand der Schüssel war zu glatt. Sie rutschten immer wieder zurück in die Milch.
Nach einigen Stunden wurden ihre Schenkel müde und einer der Frösche quakte: „Egal wie sehr wir uns bemühen, das Schicksal meint es nicht gut mit uns. Ich gebe auf." Er ließ sich zurück in die Milch gleiten, rutschte auf den Boden und ertrank.
Der andere Frosch aber strampelte weiter bis tief in die Nacht hinein. Plötzlich fühlte er einen festen Butterbrocken unter seinen Füßen, denn durch das Strampeln war die Milch zu Butter geworden.
Der Frosch stieß sich mit letzter Kraft nach oben und kletterte aus der Schüssel. Er war gerettet.

3 Markiere im Text die einzelnen Abschnitte und fülle die Tabelle aus. Ein Anfang ist gemacht.

Teile der Fabel	Zeilen
1. Teil: Die Tiere begegnen sich und/oder die Ausgangssituation wird erläutert.	1 – 6
2. Teil: Ein Problem kommt auf.	
3. Teil: Eine überraschende Wende tritt ein.	
4. Teil: Oft steht am Ende eine Lehre, die man aus der Geschichte ziehen kann. Manchmal musst du die Lehre selbst erschließen, da sie nicht deutlich genannt wird.	

4 Beantworte die folgenden Fragen zum Text.

a) Warum gingen die Frösche auf Wanderschaft? Kreuze an:

☐ Ihnen war langweilig. ☐ Sie wanderten gern. ☐ Sie hatten Durst.

b) Welches Gebäude erreichten sie am Abend? ______________________________

c) Warum hatte der Bauer eine Schüssel Milch hinausgestellt? Kreuze an:

☐ Zum Abkühlen ☐ Zum Abrahmen, also um Butter herzustellen

d) Welches Problem bekamen die beiden, nachdem sie sich in der Milch satt getrunken hatten?

____

____

e) Wie reagierte der erste Frosch auf die neue Herausforderung? Kreuze an:

☐ Er überlegte sich eine andere Lösung mit seinem Partner.
☐ Er strampelte eine Weile und gab dann schließlich auf.
☐ Er schlug dem anderen Frosch vor, dass sie die Milch komplett austrinken müssten, um nicht darin zu ertrinken.

f) Was war die Folge für den ersten Frosch? ______________________________

g) Was tat der zweite Frosch? ______________________________

h) Welche Folge hatte dies für den zweiten Frosch? ______________________________

i) Was kann man aus der Fabel lernen? Kreuze die Lehre an, die am besten zu der Fabel passt:

☐ Ehrlich währt am längsten. ☐ Wer einmal lügt, dem glaubt man nicht.
☐ Wer nicht aufgibt, wird am Ende erfolgreich sein. ☐ Das Glück liegt bei den Dummen.

j) Kennst du Situationen, in denen die Lehre der Fabel auch heute noch Gültigkeit hat? Notiere sie.

____

____

____

Hilfe, mein Handy ist ein Superschurke!

1 Lies dem Merkkasten zum Thema „Den Beginn eines Jugendromans lesen und verstehen“.

Merkkasten

Damit der **Einstieg in ein Jugendbuch** gelingt, gehe in folgenden Schritten vor:

1. Schau dir den **Titel des Buchs** an und überlege: Worum könnte es in diesem Buch gehen?
2. Wenn es **Bilder oder Illustrationen** gibt: Schau sie dir ebenfalls an. Was haben sie mit dem Text zu tun?
3. Lies die ersten Seiten des Buchs und gehe auf **Spurensuche**. Meist werden die folgenden Informationen genannt:
   a) **Wer** ist die **Hauptfigur**? Werden auch schon weitere Figuren genannt?
   b) **Was** ist das große **Thema** des Buchs? Worum geht es?
   Welche **Herausforderungen/Probleme** muss die Figur überwinden?
   c) **Wo** findet die Geschichte statt?
4. Überlege: Wie könnte es **weitergehen**?

2 Lies den Beginn des ersten Kapitels des Jugendbuchs „Hilfe, mein Handy ist ein Superschurke!“ von Rüdiger Bertram und beantworte dann die folgenden Fragen:

a) Wie heißt die Hauptfigur in dem Jugendbuch? ______________________

b) Welche weiteren Figuren werden noch genannt? ______________________

c) Welches Problem hat die Hauptfigur? ______________________

____

d) Welche Gründe nennen die Eltern, warum sie ihr ihren Wunsch nicht erfüllen möchten/können?

____

e) Welche Gründe nennt Franzi für ihren Wunsch?

____

f) Welche weiteren Informationen erhältst du noch über Franzi? Kreuze an:

☐ Sie hat einen Lemming als Haustier.
☐ Sie hat einen Hamster als Haustier.
☐ Sie trägt eine Zahnspange.
☐ Sie trägt eine Brille.

g) Wie lange wünscht sich Franzi schon ein Handy? ______________________

h) Was glaubst du: Bekommt Franzi ein Handy? Begründe.

____

1. Kapitel: Ab in den Gully!

„Du kriegst kein Handy! Und jetzt hör bitte endlich auf zu nerven, Franzi."
Ich habe mitgezählt. Den Satz mit dem Handy habe ich von meinen Eltern schon 3687 Mal gehört.
„Aber warum denn nicht?"
„Das lenkt dich nur vom Lernen ab, Franzi!", sagt meine Mutter, und mein Vater ergänzt: „Und zu teuer ist es auch. Also vergiss es einfach. Du kriegst keins."
„Aber alle haben eins. Ich bin die Einzige in der Schule, die kein Handy hat."
„Und wenn die anderen alle von einem Hochhaus springen, springst du auch? Oder was?", erwidert meine Mutter.
Das sagt sie immer.
„Wenn ich ein Lemming wär schon." Ich schiebe meine Vorderzähne über die Unterlippe, damit ich aussehe wie mein Hamster Theo. Lemminge haben Ähnlichkeit mit Hamstern. Glaube ich zumindest. Genau weiß ich das nicht, weil ich in echt noch nie einen Lemming gesehen habe. Wenn ich ein Handy hätte, könnte ich jetzt schnell im Internet nachschauen.
Aber ich habe ja keins.
„Du bist kein Lemming", sagt mein Vater. „Und jetzt hör endlich auf mit den Grimassen, damit machst du nur deine neue Zahnspange kaputt."
„Für das Geld hättet ihr mir auch ein Handy kaufen können", sage ich.
„Großer Irrtum, junge Dame." Ich hasse es, wenn meine Mutter junge Dame zu mir sagt. „Die Spange zahlt die Krankenkasse, das Handy nicht."
„Das ist so ungerecht", jammere ich. „Wenn ich kein Handy kriege, werde ich bestimmt krank aus lauter Enttäuschung. Vielleicht sterbe ich sogar aus Verzweiflung. Zahlt die Krankenkasse dann?"
„Tut sie nicht, und so schnell stirbt man auch nicht", sagt mein Vater. „Und jetzt sei bitte endlich still. Du kriegst kein Handy, und damit basta."
Das war das 3689. Mal.
„Dann halt ich jetzt einfach die Luft an, bis ich doch endlich eines kriege!" Lange halte ich das leider nicht durch. Mein Kopf wird knallrot, und ich muss wieder Luft holen.
„Bist du fertig, Franzi? Es gibt nämlich bald Essen", sagt meine Mutter. „Papa hat Lasagne gemacht. Die magst du doch, oder?"

Seit zwei Jahren steht ein Handy ganz oben auf meiner Wunschliste. Zu meinem Geburtstag, zu Ostern, zu Nikolaus und zu Weihnachten natürlich auch. Aber ich bekomme immer nur Puzzles, Bücher oder Anziehsachen. Einmal haben mir meine Eltern ein Plastikhandy geschenkt. So eins für Babys, mit dem man gar nicht wirklich telefonieren kann, aber das leuchtet und komische Töne von sich gibt, wenn man auf das Display drückt.
Meine Eltern fanden das lustig. Ich nicht.

Der ewige Kreislauf: Recycling

1 Lies den Sachtext „Lexikon: Mülltrennung und Recycling“ und wende dabei die Schritte des Merkkastens von Seite 20 an.

Lexikon: Mülltrennung und Recycling

von Tanja Lindauer

Den Müll, den wir jeden Tag produzieren, kann man zum großen Teil wiederverwerten, also noch einmal benutzen. Das Glas der Wasserflaschen kann zum Beispiel wieder eingeschmolzen und dann zu neuen Flaschen geformt werden. Oder aus Zeitungen, also aus Altpapier, kann man wieder Papier gewinnen, um daraus zum Beispiel Schulhefte herzustellen. Wenn man Müll wiederverwertet, nennt man das „Recycling“ (man spricht es „Riseikling“ aus). Das Wort kommt aus dem Englischen und bedeutet einfach „wiederverwenden“. Die Rohstoffe werden also wieder in den Herstellungsprozess, in einen Kreislauf (im Englischen „cycle“), eingeführt. Zum Beispiel müssen für recyceltes Papier nicht zahlreiche neue Bäume gefällt werden. Es entsteht also auch weniger Müll, denn man verwendet viele Materialien wieder, um etwas Neues daraus anzufertigen.
Damit Recycling auch funktioniert, muss der Müll zuvor getrennt werden – zum Beispiel kommen Glas und Papier nicht in ein und dieselbe Tonne. Es gibt große Recyclinganlagen, die die Abfallstoffe maschinell trennen. Auch schon früher hat man verschiedene Sachen wiederverwertet. Es gab zum Beispiel Schrotthändler, die mit einem Karren durch die Straßen zogen und Metall einsammelten.

2 Beantworte nun folgende Fragen:

a) Um welche Art Sachtext handelt es sich? Kreuze die richtige Lösung an:

☐ Backrezept ☐ Zeitungsartikel ☐ Lexikoneintrag ☐ Beschreibung

b) Wie kann man das Glas von alten Wasserflaschen wiederverwerten?

c) Was lässt sich aus alten Zeitungen herstellen?

d) Woher kommt das Wort „Recycling“ und was bedeutet es?

e) Welche Voraussetzung muss erfüllt sein, damit Recycling funktioniert?

Der alte Bunker – Hast du's verstanden?

1 Lies noch einmal die Geschichte „Der alte Bunker“ auf Seite 25. Überprüfe, wie gut du den Text verstanden hast. Kreuze die Sätze an, die zum Inhalt der Erzählung passen:

- ☐ Laura und Bjarne sind erst vor kurzem an die Nordsee gezogen.
- ☐ Laura ist älter als Bjarne.
- ☐ Die Geschwister haben am Strand einen alten Bunker entdeckt.
- ☐ Bjarne und Laura sind Fans der Hörspielserie „TKKG“.
- ☐ Der Stand war voller Menschen, die Drachen steigen ließen.
- ☐ Im Bunker war es feucht und es roch muffig.
- ☐ Die Kinder fanden eine Holzkiste.
- ☐ Taucher holten die Kiste ab.

2 Ordne der Spannungskurve kurze Stichwortsätze zur Geschichte „Der alte Bunker“ zu. Für den 4. Schritt musst du dein eigenes Ende aus Aufgabe 3 von Seite 24 nutzen.

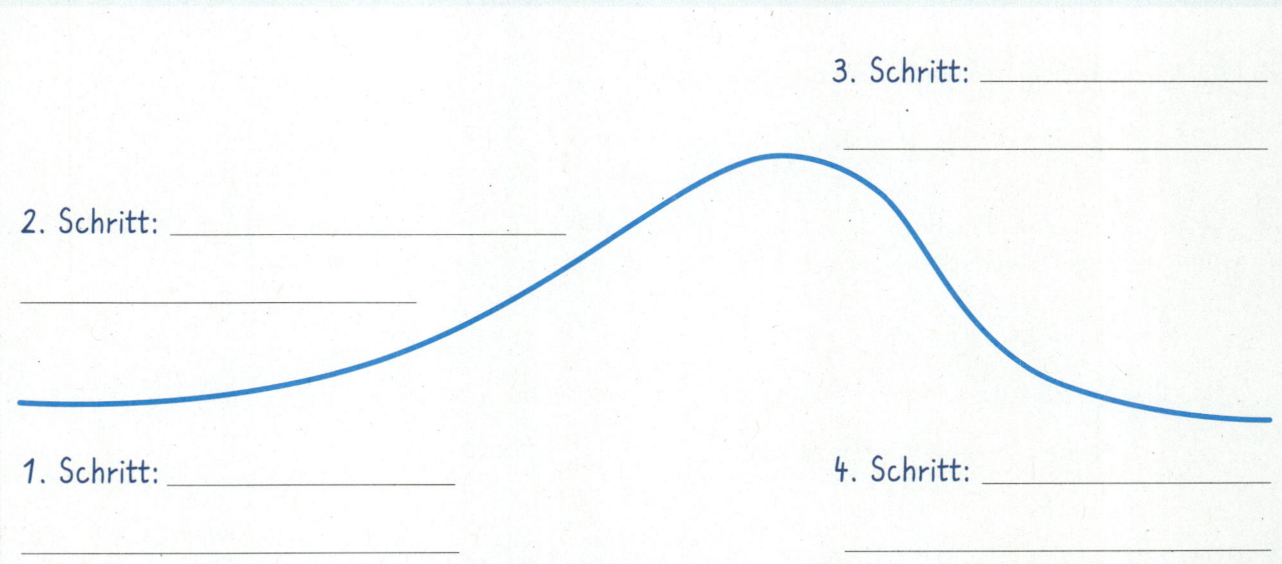

Zwei Freunde und ein Bär

1 Lies die Fabel „Zwei Freunde und ein Bär“.

Zwei Freunde und ein Bär

Eine Fabel von Äsop, nacherzählt von Florian Russi

Es waren zwei Freunde, die versprachen sich ewige Treue und schworen, sich immer gegenseitig beizustehen. Bald danach gingen sie zusammen auf Wanderschaft. Da begegnete ihnen plötzlich ein Bär. Der eine der beiden Burschen, der den Bär als erster hatte kommen sehen, dachte nur an sein Leben. Er lief schnell davon und kletterte auf einen Baum. Dem anderen blieb nicht mehr die Zeit, um wegzulaufen. Weil er gehört hatte, dass Bären sich nicht an Toten vergreifen würden, ließ er sich auf den Boden fallen und stellte sich tot. Der Bär aber lief auf ihn zu, beschnupperte ihn, stupste mit der Nase in sein Gesicht und drehte seinen Körper zweimal um. Dann leckte er ihn am Ohr. Weil er ihn für tot hielt, ließ er ihn unbehelligt liegen und trottete davon.
Sofort stieg der andere Bursche von seinem Baum herunter und fragte neugierig seinen Freund: „Was war es, was der Bär dir ins Ohr geflüstert hat?“. „Eine besondere Warnung war es“, antwortete der. „Schade nur, dass ich sie nicht schon früher gehört habe“.

2 Um welche Ausgangssituation geht es in der Fabel? Kreuze an:

- ☐ Um zwei Freunde, die sich ewige Treue geschworen haben.
- ☐ Um zwei Feinde, die unerwartet aufeinandertreffen.
- ☐ Um einen Bären, der mit zwei Freunden ein lustiges Spiel spielen möchte.

3 Welches Problem kommt im zweiten Teil auf? Notiere es hier: ______________________________

____

4 Welche überraschende Wende tritt in der Fabel ein? ______________________________

____

5 Welche Lehre kann man aus der Fabel ziehen? Tipp: Sie hat etwas mit der Warnung zu tun, die der Bär dem einen Burschen angeblich ins Ohr geflüstert hat. Kreuze die richtige Lösung an.

- ☐ In der Ruhe liegt die Kraft.
- ☐ Ob man sich auf Freunde verlassen kann, zeigt sich erst in der Not.
- ☐ Auch Kleine können Großes bewirken.
- ☐ Hochmut kommt vor dem Fall.

Video: ▶ WEBCODE **WES-121576-003**

Merkkasten

Wörter können in ihre **Silben** untergliedert werden, z. B. ***Te le fon*** oder ***Han dy***. Es hilft dir, wenn du beim Sprechen jeder Silbe einmal in die Hände klatschst (***Te le fon*** = dreimal klatschen).

Die meisten Wörter im Deutschen sind zweisilbig und werden auf der ersten Silbe betont, z. B. ***Schu le***, ***Klas se***, ***Zim mer***, ***Ta fel***, ***Map pe***, ***Kle ber***, ***Ap fel***, ***heu te*** usw.

In jeder Silbe muss es immer einen Vokal geben: *Te le fon*.

Steht am Ende der ersten betonten Silbe ein **Vokal** (*a, e, i, o, u, ä, ö, ü, au, äu, eu, ei, ai*), ist die Silbe **offen**. Der **Vokal** wird **lang** gesprochen: ***Schu***, ***Ta***, ***Kle***, ***heu***.

Steht am Ende der ersten betonten Silbe ein **Konsonant** (*b, c, d, f, g usw.*), ist die Silbe **geschlossen**. Der **Vokal** wird **kurz** gesprochen: ***Klas***, ***Zim***, ***Map***, ***Ap***.

1 a) Die Tabelle soll mit Namen gefüllt werden. Schreibe dazu deinen eigenen Namen sowie die Namen von Familienmitgliedern und Freunden oder Freundinnen auf die Linien. Die Namen sollen unterschiedlich lang sein.

____

____

____

b) Zerlege die Namen in ihre Silben und trage sie dann entsprechend ihrer Silbenanzahl in die Tabelle ein. Versuche, die ganze Tabelle zu füllen.

1 Silbe	2 Silben	3 und mehr Silben
		Ju li an

2 a) Zerlege die folgenden Wörter mit Silbenbögen in ihre Silben.
b) Notiere die Anzahl der Silben für jedes Wort.
c) Markiere den Vokal in jeder Silbe.

Rosenmontag (___ Silben) | Frühstück (___ Silben) | Hubschrauberlandeplatz (___ Silben)

3 Entscheide, ob die erste Silbe der folgenden Wörter offen (langer Vokal) oder geschlossen (kurzer Vokal) ist. Unterstreiche dazu alle offenen Silben rot und alle geschlossenen grün. Kreuze dann an.

Freitag	☐ offen	☐ geschlossen	Morgen	☐ offen	☐ geschlossen
Sommer	☐ offen	☐ geschlossen	Mittag	☐ offen	☐ geschlossen
Winter	☐ offen	☐ geschlossen	Abend	☐ offen	☐ geschlossen

Merkkasten

Viele Wörter im Deutschen haben einen doppelten Konsonanten wie ***ff, ll, mm, nn, pp, rr, tt.***
Beispiele sind ***Koffer, Halle, Himmel, Sonne, Pappe, Karre, Ratte***.

Der **Doppelkonsonant** wird geschrieben, wenn der **Vokal** davor **kurz** ist. Der erste Buchstabe des Doppelkonsonanten gehört zur ersten Silbe, der andere zur zweiten Silbe: ***Kof fer, Him mel, Son ne***.

Ist der **Vokal lang**, wird nur ein **einfacher Konsonant** geschrieben: ***kau fen, Na me, hu pen***.

Bei einsilbigen Wörtern hilft die **Verlängerungsprobe**, um herauszufinden, ob ein Wort mit Doppelkonsonant geschrieben wird: ***sie stellt → stel len → ll***

1 a) Die folgenden Wörter bestehen aus nur einer Silbe. Finde mindestens ein zweisilbiges Wort aus der jeweiligen Wortfamilie, mit dem du herausfinden kannst, wie das einsilbige Wort geschrieben wird, und zerlege es in seine Silben.

b) Fülle die Lücke im einsilbigen Wort mit einfachem oder doppeltem Konsonanten.

der Ka ___ (m/mm?) die Käm me, käm men

sie ka ___ (m/mm?) ___

der Tri ___ (t/tt?) ___

er kau ___ (t/tt?) ___

er schna ___ t (p/pp?) ___

sie hu ___ t (p/pp?) ___

he ___ (l/ll?) ___

sie i ___ t (r/rr?) ___

er hö ___ t (r/rr?) ___

der Sto ___ (f/ff?) ___

der Ho ___ (f/ff?) ___

2 Berichtige den folgenden Text, indem du jede Falschschreibung durchstreichst und das richtige Wort darüber notierst. Tipp: 23 Fehler sind hier versteckt.

rennt
Ole ~~rent~~ manchmal mitwochs so schnel zur Bushaltestele, dass er nas geschwitzt, knalrot und völig kaput ist. Wen einer der Buse dan brumend herankomt, mus er sich richtig aufrafen, um es noch rechtzeitig in den Bus zu schafen. Er kan nur hofen, dass sein Gesicht wieder blaser ist, wen er ankomt und der Untericht begint.

4. Du weichst die Toastbrote in der Ei-Milch-Zimt-Mischung ein.
5. Jetzt erhitzt du eine Pfanne mit etwas Butter oder Öl.
6. Zum Schluss gibst du die Toastbrote in die heiße Pfanne und brätst sie von beiden Seiten, bis sie goldbraun sind.

„French Toast" schmeckt besonders gut mit etwas Ahornsirup.

Seiten 12 – 13: Einen Vorgang beschreiben

1 Lösungsbeispiel:
- Bild 1: Zutaten für 4 Personen: 8 Scheiben Toastbrot, 1 Packung Fischstäbchen, Öl, Ketchup, Salat
- Bild 2: Öl in einer Pfanne erhitzen
- Bild 3: Fischstäbchen braten
- Bild 4: gebratene Fischstäbchen auf Toastbrote legen
- Bild 5: Ketchup und Salat dazu geben
- Bild 6: Guten Appetit!

2 Lösungsbeispiel:
Für das Rezept „Fischstäbchen-Sandwiches" (4 Personen) benötigst du eine Packung Fischstäbchen, etwas Öl, 8 Toastbrotscheiben, Ketchup und Salat.

So gehst du vor:
1. Zunächst erhitzt du das Öl in einer großen Pfanne.
2. Wenn das Öl schön heiß ist, fügst du die Fischstäbchen hinzu.
3. Du brätst die Fischstäbchen, bis sie von beiden Seiten goldbraun sind.
4. Dann nimmst du sie aus der Pfanne und verteilst sie auf vier Toastbrotscheiben.
5. Nun gibst du Ketchup obendrauf und legst etwas Salat darüber.
6. Zum Schluss klappst du die vier Sandwiches mit den verbliebenen Toastbrotscheiben zu.

Guten Appetit!

3 Lösungsbeispiel:
1. Erhitze zunächst das Öl in einer großen Pfanne.
2. Füge die Fischstäbchen hinzu, wenn das Öl schön heiß ist.
3. Brate die Fischstäbchen, bis sie von beiden Seiten goldbraun sind.
4. Nimm sie dann aus der Pfanne und verteile sie auf vier Toastbrotscheiben.
5. Gib nun Ketchup obendrauf und lege etwas Salat darüber.
6. Klappe zum Schluss die vier Sandwiches mit den verbliebenen Toastbrotscheiben zu.

Seite 14: TEST: Einen Bericht verfassen

1 Lösungsbeispiel:
Am Sonntag, den 24.10.2021, fuhr ich, Johanna Bubatz, mit meinem Scooter auf dem Bürgersteig der Buchholzer Straße, 38106 Braunschweig. In Höhe der Hausnummer 22 fuhr ich über eine Kastanie. Mein Scooter rutschte weg und schlug gegen die Tür des dort geparkten Pkw (Kennzeichen: BS – H 213). Dadurch sind Kratzer im Lack entstanden und die Tür hat eine Beule. Beides muss repariert werden.

Seite 15: TEST: Einen Vorgang beschreiben

1 Lösungsbeispiel:

Very-Berry-Smoothie

Für diesen leckeren Smoothie benötigst du folgende Zutaten: 150 g Beeren nach Wahl (z. B. Erdbeeren, Blaubeeren, Himbeeren), ½ Banane, 100 ml Orangensaft, 150 g Joghurt und Ahornsirup oder Honig nach Geschmack.

So gehst du vor:

1. Zunächst wäschst du die Beeren und trocknest sie gut ab.
2. Dann schälst du die Banane und schneidest die Hälfte davon in kleine Stücke.
3. Du gibst die Beeren, die zerkleinerte Banane, den Orangensaft und den Joghurt in einen Standmixer.
4. Nun verschließt du den Standmixer mit dem Deckel und vermischt alle Zutaten für mindestens eine Minute, bis ein dickflüssiges Getränk entsteht.
5. Am Schluss gibst du nach Geschmack Ahornsirup oder Honig hinzu, bis der Smoothie dir süß genug ist.

Guten Appetit!

ISBN 978-3-14-121576-2

Lesen

Seiten 16 – 17: Einer Infografik Informationen entnehmen

1 Es geht darum, welche Geräte Kinder besitzen.

2 Balkendiagramm

3 Als Quelle wurde die KIM-Studie aus dem Jahr 2020 verwendet.

4 Lösungsbeispiel:
Die Infografik „Gerätebesitz bei Kindern" stammt aus dem Jahr 2020. Für die KIM-Studie wurden 1.216 Kinder im Alter von 6 bis 13 Jahren sowie deren Erziehungsberechtigte befragt.
Das beliebteste elektronische Gerät bei Kindern dieser Altersklasse ist das Handy/Smartphone. Mit 50 von 100 Kindern ist es bei Jungen und Mädchen gleich beliebt.
Fast genauso besitzen Jungen Spielekonsolen. 49 von 100 Jungen haben eine eigene. In diesem Bereich gibt es jedoch einen großen Unterschied zu den Mädchen. Nur 33 von 100 Mädchen besitzen eine eigene Spielekonsole.
Das elektronische Gerät, das bei Mädchen etwas beliebter ist als bei den Jungen, ist der CD-Player. 39 von 100 Mädchen haben einen. Bei den Jungen sind es mit 37 Geräten etwas weniger.
Genau andersherum verhält es sich bei den eigenen Fernsehgeräten. Mit 36 von 100 Kindern haben hier die Mädchen wieder die Nase vorn.
Das Gerät, das die wenigsten Kinder besitzen, ist ein Computer/Laptop.

5 Lösungsbeispiel:
Jungen haben etwas häufiger als Mädchen einen Internetzugang: Bei den Jungen sind es 24 von 100, bei den Mädchen 20 von 100.

Seiten 18 – 19: Einer Webseite Informationen entnehmen

2 Internetzeitung für Kinder

3 Nachrichten, Startseite, Handyspiele, Wissen

4 Nachrichten

5
Positiver Trend → Verkehr
Mit neuem Album auf Tour → Musik
Fußball vor, noch ein Tor → Sport
Krötenwanderung beginnt → Natur

6 Auf „Weiterlesen" klicken

7 a) ab 5 Grad Celsius
b) weniger
c) über eine Million Kinder
d) Road 75
e) Can't beat that

Seiten 20 – 21: Einem Sachtext Informationen entnehmen

3
a) Die Schlagzeilen klingen sensationell, aber sie können nicht stimmen. Es handelt sich um Fake News.
b) absichtliche Fehlinformationen
c) Aus Spaß, um sich überlegen zu fühlen; um Personen oder Gruppen/Parteien schlecht zu machen; um mit Klicks Geld zu verdienen
d) Sie können den Ruf einer Person oder Gruppe zerstören.
Sie erschweren es, die Wahrheit von Nachrichten zu erkennen.

4 Lösungsbeispiel:
- Katzen ziehen Menschen-Drillinge groß
- Mann findet Weltraumkapsel bei Erdarbeiten
- Junge fährt 250 km/h mit seinem Kettcar
- Kinder bauen höchstes Gebäude der Welt

Seiten 22 – 23: Den Spannungsaufbau einer Geschichte erkennen

2 Der Höhepunkt der Spannung befindet sich in den Zeilen 34 – 45.

3 Lösungsbeispiel:
1. Schritt: Dunkle Gestalt beobachtet Halloween-Kinder, geht in den Vorgarten.
2. Schritt: Eltern lassen die Gestalt ins Haus.
3. Schritt: Gestalt mit Sense steht Collin in der Küche gegenüber (Höhepunkt).
4. Schritt: Es ist Collins Freund Lorenz, die Freunde machen Witze.

ISBN 978-3-14-121576-2

Seiten 24 – 25: Die Fortsetzung einer Geschichte schreiben

3 Das Ende der Geschichte sollte auflösen, was sich in der Kiste befindet und wie die Kinder damit umgehen.

Lösungsbeispiel:
Die beiden Taucher schleppten die schwarze Kiste gemeinsam Richtung Parkplatz. Dabei fluchten sie mit jedem Schritt, wie schwer sie war.
„Ich habe dir extra gesagt, du sollst nicht so gierig sein", schimpfte der eine.
Sein Partner antwortete: „Wer viel haben will, muss auch viel investieren."
Bjarne und Laura liefen in einigem Abstand geduckt hinter ihnen her.
„Los, lass uns so tun, als wären wir Jogger. Wir laufen gemütlich an ihnen vorbei", flüsterte Bjarne aufgeregt. Er konnte es kaum abwarten, zu erfahren, was in der Kiste war.
In diesem Moment hatten die Männer den Parkplatz erreicht. Genau als die Geschwister neben ihnen joggten, öffneten sie die Kiste. Sie war voller Fische.
„Die Fische werden uns eine Menge Geld einbringen. Das war ein toller Fang heute", sagte der größere Mann.
Bjarne zog Laura weiter Richtung Kiosk. Dort liefen sie hinter das Gebäude und lachten lauthals los.
„O Mann, und ich dachte, das sind irgendwelche Kriminellen!", sagte Bjarne.
„Du liest einfach zu viele Krimis", erwiderte Laura. „Und jetzt lass uns endlich im Bunker spielen. Der gehört jetzt uns!"
Den Rest des Tages verbrachten die beiden Kinder am Strand und fühlten sich langsam pudelwohl an ihrem neuen Wohnort.

Seiten 26 – 27: Eine Fabel lesen und deuten

1 Lösungsbeispiel:
Es könnte um zwei Frösche gehen, denen etwas in der Milchschüssel geschieht.

3 Teil 1: Zeilen 1 – 6
Teil 2: Zeilen 7 – 9
Teil 3: Zeilen 10 – 18
Teil 4: Zeilen 19 – 20

4

a) Sie hatten Durst.
b) Einen Bauernhof
c) Zum Abrahmen, also um Butter herzustellen
d) Sie konnten nicht mehr hinaus, da der Rand der Schüssel zu glatt war und sie immer wieder zurückrutschten
e) Er strampelte eine Weile und gab dann schließlich auf.
f) Er starb.
g) Der zweite Frosch strampelte weiter.
h) Er überlebte, da die Milch zu Butter wurde.
i) Wer nicht aufgibt, wird am Ende erfolgreich sein.
i) Lösungsbeispiele:
- Beim Sport: Wenn man weiterkämpft, hat man am Ende oft Erfolg.
- In der Schule: Wenn man sich beim Lernen bemüht, kann man den Lernstoff verstehen und gute Noten schreiben.

Seiten 28 – 29: Den Beginn eines Jugendromans lesen und verstehen

2

a) Franzi
b) Franzis Eltern
c) Sie möchte ein Handy haben, aber ihre Eltern erlauben es nicht.
d) Es lenkt Franzi vom Lernen ab und es ist zu teuer.
e) Sie ist die Einzige, die kein Handy hat.
f) Sie hat einen Hamster als Haustier.
Sie trägt eine Zahnspange.
g) Seit zwei Jahren
h) Vermutlich bekommt sie noch eins, denn im Titel des Buchs geht es ja um „mein Handy".

Seite 30: TEST: Einem Sachtext Informationen entnehmen

2

a) Lexikoneintrag
b) Glas einschmelzen und zu neuen Flaschen formen
c) zum Beispiel Schulhefte
d) Das Wort kommt aus dem Englischen und bedeutet „Wiederverwertung".
e) Der Müll muss getrennt werden.

ISBN 978-3-14-121576-2

Seite 31: TEST: Den Spannungsaufbau einer Geschichte erkennen

1 Diese Sätze musst du ankreuzen:
- Laura und Bjarne sind erst vor kurzem an die Nordsee gezogen.
- Die Geschwister haben am Strand einen alten Bunker entdeckt.
- Im Bunker war es feucht und es roch muffig.
- Taucher holten die Kiste ab.

2 Lösungsbeispiel:
1. Schritt: Laura und Bjarne haben am Strand einen Bunker entdeckt.
2. Schritt: Kinder erkunden den Bunker und finden eine Metallkiste.
3. Schritt: Bedrohlich wirkende Taucher betreten den Bunker und nehmen die Kiste mit (Höhepunkt).
4. Schritt (Lösungsbeispiel): Taucher haben nur Fische in der Kiste.

Seite 32: TEST: Eine Fabel lesen und deuten

2
Um zwei Freunde, die sich ewige Treue geschworen haben.

3 Lösungsbeispiel:
Sie werden von einem Bären angegriffen. Statt den Freund zu warnen, flüchtet sich der eine selbstsüchtig auf den Baum.

4 Lösungsbeispiel:
Da sich der Angegriffene totstellt, kann er überleben. Er erkennt, dass sein Freund ihn nicht gewarnt hat.

5
Ob man sich auf Freunde verlassen kann, zeigt sich erst in der Not.

Rechtschreibung

Seite 34: Wörter und ihre Silben

1 Lösungsbeispiele:

1 Silbe	2 Silben	3 und mehr Silben
Lynn	Em ma	Ju li an
Ben	Er tan	Sa li ha
Tom	Le a	Ma xi mi li an
Kim	No ah	An to ni a

2
Ro sen mon tag (4 Silben)
Früh stück (2 Silben)
Hub schrau ber lan de platz (6 Silben)

3
Frei tag: offen
Som mer: geschlossen
Win ter: geschlossen
Mor gen: geschlossen
Mit tag: geschlossen
A bend: offen

Seite 34: Einfache und doppelte Konsonanten

1 Lösungsbeispiel:
der Kamm: die Käm me, käm men
sie kam: sie ka men, wir ka men
der Tritt: die Trit te
er kaut: kau en
er schnappt: schnap pen
sie hupt: hu pen, die Hu pe
hell: hel le, hel ler
sie irrt: ir ren, ir re
er hört: hö ren, hö rig
der Stoff: die Stof fe
der Hof: die Hö fe

2) Ole rennt manchmal mittwochs so schnell zur Bushaltestelle, dass er nass geschwitzt, knallrot und völlig kaputt ist. Wenn einer der Busse dann brummend herankommt, muss er sich richtig aufraffen, um es noch rechtzeitig in den Bus zu schaffen. Er kann nur hoffen, dass sein Gesicht wieder blasser ist, wenn er ankommt und der Unterricht beginnt.

ISBN 978-3-14-121576-2

Seite 35: Wörter mit s und ß

1

(er) niest → niesen, der Nieser
(sie) döst → dösen, dösig
(er) liest → lesen, die Leserin
(ich) hieß → heißen, gutheißen
(der) Stoß → stoßen, die Stöße
(der) Hinweis → die Hinweise, hinweisen
(der) Fleiß → fleißig, sich befleißigen

2

Wörter mit s (Biene)	Wörter mit ß (Schlange)
das Gemüse	der Spaß (die Späße)
der Riese	die Soße
der Preis (die Preise)	außerdem
der Käse	draußen
das Glas (die Gläser)	der Gruß (die Grüße)

Seite 36: Wörter mit ss und ß

1

der Riss (kurzer Vokal)
der Fußball (langer Vokal)
das Kissen (kurzer Vokal)
die Gießkanne (langer Vokal)
die Süßigkeiten (langer Vokal)
der Schlüssel (kurzer Vokal)
das Fass (kurzer Vokal)
der Blumenstrauß (langer Vokal)

2

der Reißverschluss (erst langer, dann kurzer Vokal)
das Wassergefäß (erst kurzer, dann langer Vokal)
der Klassenspaß (erst kurzer, dann langer Vokal)
der Fußkuss (erst langer, dann kurzer Vokal)

3

heißen – beißen, reißen, schweißen
essen – fressen, messen, pressen
lassen – aufpassen, hassen, fassen
fließen – genießen, gießen, schießen

4

ich aß (langer Vokal) → sie essen (kurzer Vokal)
er biss (kurzer Vokal) → beißen (langer Vokal)
sie schoss (kurzer Vokal) → schießen (langer Vokal)
es floss (kurzer Vokal) → fließen (langer Vokal)
sie gossen (kurzer Vokal) → gießen (langer Vokal)
ich maß (langer Vokal) → messen (kurzer Vokal)

Seite 37: Wörter mit h

1

a. Zahlen, b. Lehrer, c. Wahl, d. ruhiges, e. fahren, f. Sohn, g. mähen, h. Fohlen, i. Schuhe, j. Rahmen, k. Reihe, l. Mühe

2

a) Wörter mit silbentrennendem h:
ru hi ges, mä hen, Schu he, Rei he, Mü he
Wörter mit Dehnungs-h:
Zah len, Leh rer, Wahl, fah ren, Sohn, Foh len, Rah men
b) Buchstaben nach dem Dehnungs-h: l, m, n, r

3 Lösungsbeispiel:
ruhig, ruhiger, die Ruhe, ruhen, sich ausruhen …

Seite 38: Wörter mit ck/k und tz/z

1

die Jacke, der Blitz, der Drucker, das Dreieck, die Mütze, der Schatz, die Spritze, der Zucker

2

der Haken: nach langem Vokal: a
der Geschmack: nach kurzem Vokal: a
stark: nach Konsonant: r
die Mücke: nach kurzem Vokal: ü
schenken: nach Konsonant: n

glänzend: nach Konsonant: n
der Ozean: nach langem Vokal: o
setzen: nach kurzem Vokal: e
plötzlich: nach kurzem Vokal: ö
der Schmerz: nach Konsonant: r

Seite 39: Wörter mit ä und äu

1

mit au	mit äu
kaufen	Käufer
Kaufpreis	Verkäufer
verkaufen	verkäuflich

ISBN 978-3-14-121576-2

Verkaufsbereich	unverkäuflich
einkaufen	Käufergruppe
Fehlkauf	Käuferin

2

a) Meine Hände sind bei dieser Kälte im Winter beinahe täglich eiskalt. Nach der Wäsche der Hände wärme ich sie unter einer kuscheligen Decke. Ehrlich gesagt, kann es ganz schön gefährlich werden, wenn sie sich so betäubt anfühlen. Da fällt es vielen Leuten schwer, im Dezember ihre Häuser zu verlassen – auch wenn die Klänge und Geräusche der Stände auf Weihnachtsmärkten sie nach draußen locken.

b) Hände wegen Hand, Kälte wegen kalt, täglich wegen Tag, Wäsche wegen waschen, wärme wegen warm, gefährlich wegen Gefahr, betäubt wegen taub, fällt wegen fallen, Häuser wegen Haus, Klänge wegen Klang, Geräusche wegen rauschen, Stände wegen Stand, Weihnachtsmärkten wegen Markt

5 Lösungsbeispiel:
- Silbentrennendes h: gehen, drehen, stehen, einsehen, gestehen …
- Dehnungs-h: Kahn, Hahn, Zahn, Wahn, Huhn …

6

Vor einem ck und tz muss immer ein kurzer Vokal stehen.
k und z hingegen können entweder nach einem langen Vokal oder nach einem Konsonanten vorkommen. Deshalb schreibt man wie folgt:
gucken, der Spuk, dunkel, der März, die Notiz, die Tatze.

7

der Bäcker ← backen
die Räume ← Raum
die Zäune ← Zaun
ängstlich ← Angst

Seite 40: TEST: Vokale und Konsonanten

1 Diese Aussagen treffen zu:
- Diese Wörter haben eine offene betonte Silbe: Kleider, Schere, große.
- Die meisten deutschen Wörter werden auf der ersten Silbe betont.

2 Berichtigte Aussagen:
- In jeder Silbe muss es mindestens einen Vokal geben.
- Eine offene betonte Silbe endet auf a, e, i, o oder u.

3

will, ohne, Pfanne, Rakete, Ratte, Ufer

4

Ich weiß genau, dass ich aufpassen muss, wenn ich aus Spaß barfuß über die heiße Straße laufe. Dabei könnte ich gewiss zumindest meine Socken anziehen, um raus aus unserem Haus zu gehen. Außer ein Eis zu genießen, könnte ich dann draußen das Wasser aus der Gießkanne über meine schweißnassen Füße gießen.

Seite 41: Wörter mit end-/ent- und -lich/-ig

1

das Endergebnis, die Endzeit, der Endspurt, die Endabrechnung, der Endbahnhof

2

entwerfen: ent wer fen → mit t, da ent- unbetont ist
Endhaltestelle: End hal te stel le → mit d, da End- betont ist; kommt von Ende
Endspiel: End spiel → mit d, da End- betont ist; kommt von Ende
entspannen: ent span nen mit t, da ent- unbetont ist

3

Nachsilbe -lich	Nachsilbe -ig
ähnlich (ähnliche)	eisig (eisige)
angeblich (angebliche)	ekelig (ekelige)
erstaunlich (erstaunliche)	fähig (fähige)
möglich (mögliche)	lustig (lustige)
täglich (tägliche)	vernünftig (vernünftige)

ISBN 978-3-14-121576-2

Seite 42: Groß- und Kleinschreibung

1

- Schnelle Läufer …: Adjektiv davor (3c) → Großschreibung
- Du musst rennen …: kein Signal für Großschreibung, da Verb
- Beim Rennen …: Präposition und versteckter Artikel (beim) davor (3d) → Großschreibung
- Unser Lauf …: Pronomen davor (3b) → Großschreibung
- Jetzt lauf …: kein Signal für Großschreibung, da Verb im Imperativ (Befehlsform von laufen)
- Wer schnell …: kein Signal für Großschreibung, da Adjektiv
- Der Schnellste …: Artikel davor (3a) → Großschreibung, da Adjektiv hier zu Nomen wird

2

Als ich das erste Mal an einem Wettlauf teilgenommen habe, war ich so nervös. Das Aufregendste war das Jubeln der Zuschauer, die uns in jeder Kurve anfeuerten.

Seite 43: Groß- und Kleinschreibung von Zeitangaben

1 morgens, am Morgen, Guten Morgen!, jeden Morgen; gestern, gestern Nacht, gestern Nachmittag, gestern früh; samstags, am Samstag, diesen Samstag, immer samstags

2 a) ca. 9 Uhr = morgens
ca. 12 Uhr = mittags
ca. 15 Uhr = nachmittags
ca. 18 Uhr = abends
b), c) Lösungsbeispiele:
(1) Am Freitagabend isst Theo zu Hause das Abendessen.
(2) Theo bekommt samstags nachmittags Besuch von Oma und Opa.
(3) Für den Samstagabend hat Theo einen Kinobesuch eingeplant.
(4) Am Sonntagmorgen nimmt Theo sein Frühstück als Picknick im Park ein.
(5) Theo spielt mittags am Sonntag Volleyball im Park.
(6) Am Sonntagnachmittag spielt Theo mit seiner kleinen Schwester.

Seite 44: TEST: Vor- und Nachsilben, Groß- und Kleinschreibung

1

fähig, absichtlich, ewig, zögerlich, königlich, volljährig

2

Die Silbe *End-* in *Endstation* kommt vom Wort *Ende* und ist betont. Die Vorsilbe *ent-* wird nicht betont. Deshalb schreibt man entsorgen, entzünden, die Entwicklung, aber das Endspiel, endlich und der Endspurt.

3 Zutreffende Signale für Großschreibung: nach Artikel, nach Adjektiv

4

Weitere Signale für Großschreibung:
(1) nach Pronomen: mein Glück
(2) nach Präposition und verstecktem Artikel: beim Spielen
(3) bei bestimmten Nachsilben: Säugling

5

wir laufen: Verb (Was tut man?) → Kleinschreibung
das Laufen: Artikel davor → Großschreibung, da aus Verb Nomen wird
gelb: Adjektiv (Wie ist etwas?) → Kleinschreibung
das Gelb: Artikel davor → Großschreibung, da aus Adjektiv Nomen wird

6

Heute Morgen bin ich extra früh aufgestanden, denn gestern früh hatte ich verschlafen – das erste Mal donnerstags. Deshalb habe ich mir gestern Abend gleich zwei Wecker gestellt, damit ich heute, am Freitag, nicht wieder aus Versehen bis mittags schlafe. Heute Nachmittag möchte ich mich nämlich für meinen Wettkampf übermorgen vorbereiten, der wie immer sonntags am frühen Abend stattfindet.

ISBN 978-3-14-121576-2

Seite 45: Zeichensetzung bei wörtlicher Rede

1

Die Verkäuferin fragt: „Was kann ich für Sie tun?"
Der Kunde antwortet: „Ich suche eine neue Regenjacke."
Die Verkäuferin erklärt: „Die Jacken finden Sie in der ersten Etage."
Der Kunde bedankt sich: „Vielen Dank für den Hinweis!"

2

Mia behauptet: „Ich kann schneller Fahrrad fahren als mein Bruder."
„Ich kann schneller Fahrrad fahren als mein Bruder", behauptet Mia.
„Ich kann", behauptet Mia, „schneller Fahrrad fahren als mein Bruder."

3

Timur kündigt seinen Eltern an: „Ich schreibe morgen eine Deutscharbeit."

ISBN 978-3-14-121576-2

Seite 46: Kommasetzung zwischen Haupt- und Nebensätzen

1

a) + b) Wenn es draußen stürmt, bleiben wir besser im Haus.
Ich bin pappsatt, weil ich heute Mittag so viel gegessen habe.
Die Schulklasse verhält sich ganz leise, damit der Lehrer stolz auf sie ist.
c) Mögliche Umstellungen der Nebensätze:
- Wir bleiben besser im Haus, wenn es draußen stürmt. Wir bleiben, wenn es draußen stürmt, besser im Haus.
- Weil ich heute Mittag so viel gegessen habe, bin ich pappsatt. Ich bin, weil ich heute Mittag so viel gegessen habe, pappsatt.
- Damit der Lehrer stolz auf sie ist, verhält sich die Schulklasse ganz leise. Die Schulklasse verhält sich, damit der Lehrer stolz auf sie ist, ganz leise.

2

Nachdem sich alle Sechstklässler auf ihre Plätze gesetzt haben, beginnt der Unterricht. Frau Moll hat schon, obwohl es noch so früh ist, die Arbeitsmaterialien verteilt. Die Kinder beginnen mit der Bearbeitung ihrer Aufgaben, da sie noch viel Energie am Morgen haben.
Als aber einige Zeit vergangen ist, werden manche Mädchen und Jungen unruhig. Frau Moll kündigt, weil sie das bemerkt hat, eine spontane Pause an.
Während die Kinder einmal über den Schulhof rennen dürfen, wird der Klassenraum gut durchgelüftet.
Nun haben sich die Kinder wieder erholt, sodass sie bis zum Ende der Stunde konzentriert weiterarbeiten können.
Wenn die Energie wieder nachlässt, ist sicher schon große Pause.

Seite 47: Kommasetzung bei Nebensätzen mit *dass*

1

a) + b) Wir hoffen, dass der Zug bald kommt.
Ich finde, dass es im Bahnhof ganz schön kalt ist.
Du behauptest, dass der Zug schon abgefahren ist.
Ihr sagt, dass ihr nun den Bus statt den Zug nehmt.
c) Dass der Zug bald kommt, hoffen wir.
Dass es im Bahnhof ganz schön kalt ist, finde ich.
Dass der Zug schon abgefahren ist, behauptest du.
Dass ihr nun den Bus statt den Zug nehmt, sagt ihr.

2

Der Zugführer erklärt, dass es ein technisches Problem gibt.
Am Bahnhof staunt man darüber, dass der Zug einfach nicht ankommt.
Der Schaffner achtet darauf, dass alle einen gültigen Fahrschein haben.
Die Bahnhofsuhr zeigt an, dass die Verspätung schon 45 Minuten beträgt.

Seite 48: TEST: Zeichensetzung

1 Diese Aussagen treffen zu:
- Zwischen einem Haupt- und einem Nebensatz steht immer ein Komma.
- Vielgenutzte Konjunktionen sind *weil*, *als*, *obwohl* und *da*.

2 Berichtigte Aussagen:
- Der Begleitsatz kann vor, nach oder inmitten der wörtlichen Rede stehen.
- Die wörtliche Rede wird durch Anführungszeichen gekennzeichnet.
- Wenn der dass-Satz vorangestellt ist, muss man ein Komma setzen.

3

James fragt: „Fahren wir heute gemeinsam zum Fußballturnier?“
Sofort antwortet Kevin: „Ja, meine Eltern können dich mitnehmen.“
„Ihr seid“, ruft James erleichtert, „die Besten!“
„Das kannst du wohl laut sagen“, entgegnet Kevin lachend.

4

Obwohl ich schon Muskelkater habe, gehe ich heute zum Fußballtraining.
Das Training macht mir so viel Spaß, dass ich am liebsten jeden Tag Fußball spielen würde.
Als ich die Idee der Trainerin vorschlage, muss sie lachen.

5

Satz 1:
- Damit wir sie beim Punktspiel beherrschen, wiederholen wir im Training viele Taktiken.
- Im Training wiederholen wir, damit wir sie beim Punktspiel beherrschen, viele Taktiken.

Satz 2:
- Wir sind froh über das harte Training, wenn wir dann ein Spiel gewonnen haben.
- Wir sind, wenn wir dann ein Spiel gewonnen haben, froh über das harte Training.

Grammatik

Seite 49: Nomen – grammatisches Geschlecht und Artikel

1 (w) = weiblich, (m) = männlich, (s) = sächlich:

Janek fährt zusammen mit der (w) Familie in den (m) Urlaub. Sie haben ein (s) Flugticket. Janek steigt mit dem (s) Ticket und einem (m) Rucksack in das (s) Flugzeug. Vorher hat er den (m) Koffer bei der (w) Gepäckabgabe abgegeben. Das (s) Flugzeug ist sehr groß. Janek hat zum Glück einen (m) Fensterplatz bekommen. Er findet seinen Platz, holt die (m) Kopfhörer aus dem (m) Rucksack und legt den (m) Rucksack in die (w) Gepäckablage über den (m) Sitzen. Seine Schwester hat den (m) Sitzplatz neben Janek. Die Eltern sitzen eine (w) Reihe vor ihnen. Jetzt kann die (w) Reise starten! Die (m) Flugbegleiter machen noch eine Ansprache, bevor das (s) Flugzeug startet.

2

Janek: Heute hatte ich einen seltsamen Traum. So einen Traum hatte ich noch nie!
Ruth: Kannst du mir den Traum erklären?
Janek: In dem Traum konnte ich fliegen! Ich bin über eine Stadt geflogen.
Ruth: Hast du die Stadt erkannt?
Janek: Ja, die Stadt heißt Kassel. Da waren Ostern.
Ruth: Hast du auch das Wahrzeichen von Kassel gesehen? Es ist ein riesiges Denkmal, das oben auf einem Berg steht. Es ist ein griechischer Held. Der Held heißt Herkules.
Janek: Nein, aber ich bin über ein Schloss geflogen. Es war das Schloss, das wir in unserem Urlaub besichtigt haben. Aber dann bin ich leider aufgewacht.
Ruth: Schade, vielleicht wärst du ja noch dem Helden Herkules begegnet!

Seite 50: Nomen – die vier Fälle

1

Die Galápagos-Riesenschildkröten (Nominativ) führen ein ruhiges Leben. Doch das Geheimnis der Schildkröten (Genitiv) ist: Obwohl sie sehr langsam sind, können die Schildkröten (Nominativ)

ISBN 978-3-14-121576-2

auch lange Strecken zurücklegen. Auf dem Weg von
Dativ Nominativ
einem Futterort zu einem anderen können die großen Vierbeiner innerhalb von zwei Tagen bis zu 15 Kilometer wandern. Doch das ist nicht das einzige Außer-
Akkusativ
gewöhnliche. Kennst du schon die Essgewohnheiten
Nominativ
der Schildkröten? Die Schildkröten können lange ohne Essen auskommen.
Nominativ
Bis zu einem Jahr, wenn das Futter knapp ist.

2 Janek geht durch einen Tierpark. Dort sieht er einen Vogel, der einen riesigen Schnabel besitzt. Der Schnabel ist gelb, gebogen und hat ein spitzes Ende. Ansonsten hat der Vogel ein schwarz-weißes Gefieder. Janek zeigt auf den Vogel.
„Was ist das für ein Vogel?", fragt er eine Gärtnerin.
„Das ist ein Tukan", antwortet sie. Janek will unbedingt ein Foto von dem Tukan machen.

Seite 51: Personalpronomen

1

Lieber Janek, wie geht es Lisa und dir? Hattet ihr ein schönes Wochenende? Opa und ich waren am Wochenende in unserem Garten. Wir haben ganz viele Erdbeeren gepflückt. Wir werden sie zu Marmelade einkochen. Wenn Lisa und du uns besuchen kommt, könnt ihr sie probieren. Wie geht es eurem Kater? Jagt er immer noch so viele Mäuse? Hast du dein Geschenk schon ausgepackt und hat es dir gefallen?
Viele Grüße von Oma

2

Hallo Lilly und Natalie, ich habe heute meine Hausaufgaben vergessen. Könnt ihr mir vielleicht helfen? Wir haben ja gestern zusammen die Hausaufgaben gemacht. Frau García ist immer so streng, hoffentlich glaubt sie uns, dass wir zusammen gearbeitet haben. Erinnert ihr euch, als Jona und David die Aufgaben einmal nicht hatten? Sie mussten dafür zwei Stunden nacharbeiten! Und Jona war sehr genervt, weil er sein Fußballtraining verpasst hat. Nati, kannst du mir die Aufgaben zum Fotografieren geben?

3 Lösungsbeispiel:
Liebe Oma, ich habe heute ein neues Spiel kennengelernt, ~~das Spiel~~ es hat mir sehr gefallen. Das Spiel hat mein Freudn Felix mitgebracht. ~~Das Spiel~~ Es hat natürlich auch einen Namen, aber ich habe ~~den Namen~~ ihn leider vergessen. Damit Felix und ich das Spiel spielen konnten, brauchten ~~Felix und ich~~ wir noch zwei andere Mitspieler. ~~Felix und ich~~ Wir haben das Spiel Stefan und Jess vorgestellt. Dann haben ~~Felix, Stefan, Jess und ich~~ wir das Spiel gemeinsam gespielt. ~~Das Spiel~~ Es ist so ähnlich wie „Mensch ärgere dich nicht". Aber ~~das Spiel~~ es ist viel lustiger. Ich möchte das Spiel auch mal mit dir und Opa spielen. Ich bringe ~~das Spiel~~ es morgen mit, damit du ~~das Spiel~~ es kennenlernen kannst. Liebe Grüße von Janek

Seite 52: Anredepronomen

1

Sehr geehrte Frau Neuhaus,
meine Familie und ich werden in den Osterferien eine Tierschutz-Organisation besuchen und dort für zwei Wochen mithelfen. Da kam mir die Idee, dass vielleicht die ganze Schule helfen könnte! Daher schreibe ich **I**hnen diese Mail: Ich habe eine Bitte an **S**ie. Würden **S**ie mir erlauben, eine Spendenaktion in unserer Schule zu organisieren? Damit würden **S**ie die Schülerinnen und Schüler ermuntern, sich mehr für den Tierschutz einzusetzen. Mit **I**hrer Erlaubnis würde ich Plakate basteln, um auf die Spendenkation aufmerksam zu machen. Wenn **S**ie einverstanden sind, würde ich am Mittwoch in den Pausen einen Spendenstand in der Eingangshalle aufbauen.
Wie finden **S**ie meine Idee? Ich freue mich auf **I**hre Antwort.
Viele Grüße von Lisa

2

Sehr geehrter Herr Morales,
ich schreibe Ihnen diese E-Mail mit einer großen Bitte: Auf den Galapagos-Inseln leben einzigartige Tiere und Pflanzen. Doch sie sind durch den Einfluss des Menschen gefährdet und auf unsere Hilfe angewiesen.
Mit Ihrer Hilfe möchte ich die Tierschutzorganisation auf den Galapagos-Inseln unterstützen.
Ich bitte Sie daher, ob Sie am nächsten Sonntag in Ihrem Gottesdienst diese Organisation erwähnen könnten. Vielleicht schaffen Sie es dadurch, Spender zu gewinnen. Ich wäre Ihnen sehr dankbar, wenn Sie

ISBN 978-3-14-121576-2

mich unterstützen würden.
Es grüßt Sie herzlich Ihre Lisa

Seite 53: TEST: Nomen, Artikel und Pronomen

1 Diese Aussagen treffen zu:
- Im Deutschen gibt es drei grammatische Geschlechter für Nomen.
- Die unterschiedlichen Fälle der Nomen im Satz kann man durch Frageproben herausfinden.

2 Berichtigte Aussagen:
- Die Anredepronomen in der Höflichkeitsform heißen Sie, Ihnen, Ihrer, Ihrem, Ihre.
- Den bestimmten Artikel verwendet man, wenn bekannt ist, wovon man spricht.
- *Ein* und *eine* sind unbestimmte Artikel.

3

a. Ich gehe mit dem Hund meiner Oma spazieren.
b. Ismael zeigt der Lehrerin seine Aufgaben.
c. Tom hat sich den Schlüssel des Hausmeisters geliehen.
d. Wir haben den Film zusammen gesehen.

4 Lösungsbeispiel:

Zum Geburtstag habe ich ein neues Fahrrad bekommen. ~~Das Fahrrad~~ Es ist knallrot und fährt wie der Blitz. Mit dem Fahrrad habe ich schon viele Touren unternommen. Aber am letzten Montag bekam ich einen Schock: Das Fahrrad war weg! Aber dann fiel mir wieder ein, dass ich ~~das Fahrrad~~ es woanders abgestellt hatte. Dort stand ~~das Fahrrad~~ es noch. War ich erleichtert!

5

Liebe Frau Neuhaus,
vielen Dank für Ihre positive Antwort auf meine Anfrage. Es freut mich, dass Sie mit der Spendenaktion einverstanden sind. Wenn es Ihnen recht ist, könnten wir noch Waffeln backen und verkaufen. Würden Sie bitte den Hausmeister fragen, ob er uns hilft?
Ich danke Ihnen im Voraus. Durch Ihre Unterstützung wird die Aktion ein Erfolg!
Es grüßt Sie herzlich Ihre Lisa

Seite 54: Präsens, Präteritum und Perfekt

1

a) Die 6c ist eine Klasse mit 26 Schülerinnen und Schülern. Doch dann kommt Jovan dazu. Jovan ist ganz neu in Deutschland. Er versteht noch sehr wenig, aber er will ganz schnell Deutsch lernen. Mit seiner guten Laune findet er schnell Freunde in der Klasse. In den Pausen spielt er gern Fußball mit den anderen. Doch manchmal vermisst er noch das Land, aus dem er kommt.
b) Der Text steht im Präsens.
c) Die 6c war bis vor kurzem eine Klasse mit 26 Schülerinnen und Schülern. Doch dann kam Jovan dazu. Jovan war ganz neu in Deutschland. Er verstand noch sehr wenig, aber er wollte ganz schnell Deutsch lernen. Mit seiner guten Laune fand er schnell Freunde in der Klasse. In den Pausen spielte er gern Fußball mit den anderen. Doch manchmal vermisste er noch das Land, aus dem er kam.

2 Lösungsbeispiele für die Sprechblasen;
die Verbformen im Perfekt sind markiert:
- Jovan ist vor kurzem in unsere Klasse gekommen. Zuerst hat er noch wenig Deutsch verstanden, doch er hat schon eine Menge dazugelernt.
- Er hat schon viele Freunde gefunden, weil er lustig ist und gern Fußball spielt. Doch manchmal hat er auch noch Heimweh nach seiner Heimat.

Seite 55: Verben – Präsens und Futur

1 Lösungsbeispiel:

Um 7 Uhr wird der Wecker klingeln. Dann werde ich aufstehen, (werde) mich waschen und mir die Zähne putzen. Daraufhin werde ich mich anziehen, (werde) mir die Haare kämmen und (werde) frühstücken. Beim Frühstück werde ich einen Kakao trinken und danach werde ich aus dem Haus gehen. An der Haltestelle werde ich auf den Schulbus warten, denn ich werde keine Lust haben, zur Schule zu laufen.
Im Bus werde ich hoffentlich Samira treffen.

2 a) und b) Lösungsbeispiel:
(Futur unterstrichen, Präsens grau markiert)

ISBN 978-3-14-121576-2

Liebe Geburtstagsgäste,
ich möchte euch herzlich zu meiner Party am nächsten Samstag ab 14 Uhr einladen.
Darauf dürft ihr euch freuen:
Zuerst werden wir gemeinsam Spiele spielen.
Danach werden wir etwas essen – und als Nachtisch gibt es Geburtstagstorte!
Zieht euch bitte bequem an, denn zum Schluss machen wir noch einen Kinoabend zu Hause.
Ich freue mich auf euch! ...

c) Meistens nutzt man öfter das Präsens, seltener das Futur. So ist es auch in dem Beispieltext: 6 x Präsens, 2 x Futur.

Seite 56: Verben im Imperativ

1

- sprechen → du sprichst → sprich, ihr sprecht → sprecht
- lesen → du liest → lies, ihr lest → lest
- nehmen → du nimmst → nimm, ihr nehmt → nehmt
- vergessen → du vergisst → vergiss, ihr vergesst → vergesst
- geben → du gibst → gib, ihr gebt → gebt
- sehen → du siehst → sieh, ihr seht → seht
- helfen → du hilfst → hilf, ihr helft → helft

2

Eddi und Antonio, nehmt die Hände aus den Taschen!
- Luis, lies bitte den Text auf Seite 25 vor!
- Clara und Lilly, helft Ida bitte bei der Englisch-Aufgabe!
- Jeremy und Nikita, seht nach vorn!
- Mehrab, sprich bitte mit Herrn Ottens!
- Lena, gib Ruhollah den Radiergummi zurück!
- Jonas, vergiss deine Sportsachen nicht!

3 Lösungsbeispiele:
- Sei bitte leise!
- Schreibt die Regel ab!
- Schweigt jetzt mal und hört mir zu!
- Tritt bitte zur Seite!
- Erschrick mich nicht ständig!
- Meldet euch bitte beim Hausmeister!
- Lies den Text vor!
- Kaut nicht ständig Kaugummi!
- Iss dein Frühstück bitte in der Pause!

ISBN 978-3-14-121576-2

Seite 57 – 58: Adjektive

1

Die Gitarre ist ein sehr interessantes Instrument. Sie hat einen langen Hals und einen großen, geschwungenen Körper mit einer runden Öffnung in der Mitte. Außerdem besitzt sie sechs dünne Saiten. Mit der Gitarre kann man ganz unterschiedliche Töne produzieren, die zu schönen Liedern werden können.

2

Der See ist blau. – der blaue See
Die Mädchen sind fröhlich. – die fröhlichen Mädchen
Das Eis ist kalt. – das kalte Eis
Die Ruine ist alt. – die alte Ruine
Die Decke ist bunt. – die bunte Decke

3

Es ist ein warmer Sommertag. Nach der Schule sind Merle und Maria zum kleinen See gelaufen. Sie kaufen sich ein köstliches Eis und legen sich auf die weiche Picknickdecke. Merle erzählt eine spannende Geschichte über die alte Ruine. Sie handelt von einem mutigen Ritter, der dort vor langer Zeit einen riesigen Drachen besiegt haben soll.

4

Morgens ist es im Frühling kalt, doch im Winter ist es noch kälter. Am Südpol ist es allerdings am kältesten. Im Sommer ist es in Deutschland oft warm. In Spanien ist es meistens wärmer. Aber im Tal des Todes ist es am wärmsten.

5

Nikita macht gern Sport mit seiner Klasse. Aber er würde lieber raus auf die Rampe, denn Skateboard fahren macht er am liebsten.
Er schaut gerade beim Hochspringen zu. Er ist zwar schon gut im Springen, möchte aber noch besser werden. Am besten aus der Klasse springt Daniel.
Nikita hat viel trainiert. Er hat mehr trainiert als letztes Jahr. Gestern hat er am meisten trainiert.
Ob er es heute schafft?
Emilia springt sehr hoch! Janice springt höher und Daniel springt wir immer am höchsten.
Dann springt Nikita. Er ist ziemlich nah am Schulrekord, viel näher als letztes Jahr. Aber Daniel kommt wieder mal dem Rekord am nächsten.

6

Der Bodensee ist der größte See Deutschlands. Er ist größer als der Edersee, aber er ist kleiner als die Ostsee. Egal wie groß: Urlaub am Bodensee kann genauso schön sein wie am Edersee. Die Ostsee ist kein See, sondern ein Meer, ebenso wie die Nordsee. Der Salzgehalt in der Ostsee ist geringer als in der Nordsee. Außerdem hat die Nordsee stärkere Gezeiten als die Ostsee.

Seite 59: Adverbien

1

Manchmal (Z) vergisst Merle beim Lesen total die Zeit. Gerade (Z) liest sie eine äußerst (AW) spannende Geschichte. Sie beginnt morgens (Z) im Keller einer Schule. Dort (O) findet ein Junge eine Tür in eine andere Welt. Anfangs (Z) muss er sich dort noch zurechtfinden, doch schon bald (Z) kann er der anderen Welt helfen. Deshalb (G) wird er viele Prüfungen bestehen müssen. Hoffentlich (AW) geht alles gut aus ...

2

Das Buch ist sehr dick. Merle wird also viel Zeit brauchen, um es zu lesen. Abends sitzt sie dann in ihrem Sitzsack und vertieft sich in die Geschichte. Dort bleibt sie oft mehrere Stunden. Manchmal muss Merles Mutter sie daran erinnern, dass Schlafenszeit ist. Merle legt das Buch ins Regal und geht ins Bett. Von dort kann sie das Buch im Regal sehen. Sie träumt davon, ebenfalls solche Abenteuer zu erleben.

Seite 60: Präpositionen

1

Maria steht vor der Haustür und drückt auf die Klingel. Sie möchte sich mit Merle treffen. Merle sitzt in ihrem Zimmer. Als sie die Klingel hört, geht sie durch den Flur, öffnet die Tür und geht ohne Jacke mit Maria zu dem See, an dem sie gestern Eis aßen.

2

Der Dackel sitzt unter dem Stuhl. Er legt den Knochen unter den Stuhl.
Der Dackel sitzt neben der Pflanze. Er legt den Knochen neben die Pflanze.
Der Dackel sitzt auf der Decke. Er legt den Knochen auf die Decke.
Der Dackel sitzt in dem Körbchen. Er legt den Knochen in das Körbchen.
Der Dackel sitzt zwischen dem Stuhl und der Pflanze. Er legt den Knochen zwischen den Stuhl und die Pflanze.

Seite 61: TEST: Adjektive, Adverbien und Präpositionen

1 Diese Aussagen treffen zu:
- Mit Adjektiven kann man Eigenschaften von Menschen, Tieren oder Gegenständen beschreiben.
- Mit Adverbien kann man die Umstände genauer beschreiben.
- Wechselpräpositionen verlangen den Dativ oder den Akkusativ.

2 Berichtigte Aussagen:
- Nach dem Adjektiv kannst du mit „Wie?“ fragen.
- Adverbien nennt man auch „Umstandswörter“.
- Präpositionen werden im Satz immer in Verbindung mit einem Nomen oder Pronomen gebraucht.

3

hoch – höher – am höchsten
gut – besser – am besten
viel – mehr – am meisten
nah – näher – am nächsten

4 Lösungsbeispiel:

Marie und ich waren gestern im Zoo. Dort haben wir uns mit Jolina und Lara getroffen. Leider hat es geregnet. Deswegen konnten wir nicht alle Tiere sehen. Aber wir waren nicht umsonst im Zoo. Im Affenhaus konnten wir beobachten, wie die Affenbabys Ball spielten. An einem Sonnentag kommen wir vielleicht wieder, um in den Streichelzoo zu gehen.

5 Lösungsbeispiel:

Maxi und Kayne gehen zusammen in eine Klasse. Maxi sitzt neben Shane und Kayne sitzt vor Kacper und Lennox. Auf dem Lehrerpult steht eine Glocke. Wenn der Klassenlehrer mit der Glocke klingelt, bedeutet dass, es muss ruhiger werden. Doch gerade ist Pause. Maxi und Kayne gehen aus dem Klassenraum, über den Sportplatz und setzen sich auf die Wiese.

ISBN 978-3-14-121576-2

Seite 62: Satzglieder – Subjekt, Prädikat, Objekt und adverbiale Bestimmungen

1 Prädikate unterstrichen, Subjekte grau markiert:

Die Kinder kommen in ihren Klassenraum. In der Pause haben sie draußen gespielt. Jetzt sind sie müde. Dann betritt die Englischlehrerin den Raum. Sie schaut sich um: Hinten in der Ecke schläft Dennis auf seinem Rucksack. Links sitzt Ida, sie meldet sich. Seinem Freund zieht Oliver die Mütze ab. Lina und Lena flüstern. Ein Stuhl liegt in der Ecke, die Schranktür ist offen. Die Hausaufgaben hat Fabian wie immer vergessen. In seiner Tasche sucht Milan nach seinem Bleistift. Nachdenklich grübelt Lisa über die SV-Stunde. Dann beginnt der Unterricht.

2 Akkusativ-Objekte unterstrichen, Dativ-Objekte unterschlängelt, adverbiale Bestimmungen grau markiert:

Die Mutter erzählt ihren Kindern jeden Abend eine Geschichte. | Sonntags kocht die Großmutter ihren Enkeln einen Nachtisch. | Die Zwillinge machen ihrer Tante am Geburtstag eine große Überraschung. | Plötzlich stiehlt die Möwe der alten Dame den Sommerhut.

Seite 63: Satzglieder umstellen

1
Subjekt ← Elina schenkt Tobias zum Geburtstag ein spannendes Buch.
Akkusativ-Objekt ← Ein spannendes Buch schenkt Elina Tobias zum Geburtstag.
Dativ-Objekt ← Tobias schenkt Elina zum Geburtstag ein spannendes Buch.
Adverbiale Bestimmung ← Zum Geburtstag schenkt Elina Tobias ein spannendes Buch.
Prädikat ← Schenkt Elina Tobias zum Geburtstag ein spannendes Buch?
b) Der Satz besteht aus 5 Satzgliedern.

2 Gleich verrät Antonio seinem besten Freund ein großes Geheimnis.

3 Lösungsbeispiel:
Samira geht vormittags und nachmittags in die Schule. Nach der Schule geht sie drei Mal in der Woche zu ihrem Pflegepferd. Von der Schule kann Samira mit dem Fahrrad zum Reiterhof fahren. Sie freut sich jeden Tag darauf, dass sie ihr Pferd wiedersehen kann. Zuerst putzt sie das Pferd und holt Sattel und Zaumzeug. Danach sattelt sie es mit einem schweren Sattel. Anschließend geht sie in die Reithalle. Nach dem Reiten freut sie sich auf eine warme Dusche.

Seite 64: TEST: Satzglieder

1 Diese Aussagen treffen zu:
- Das Akkusativ-Objekt erfragt man mit der Frage „Wen?“ oder „Was?“.
- Das Dativ-Objekt erfragt man mit der Frage „Wem?“.
- Jeder Teil des Satzes, den man gemeinsam umstellen kann, ist ein Satzglied.

2 Berichtigte Aussagen:
- Adverbiale Bestimmungen sind Satzglieder, die Auskunft über Zeit, Ort und Art und Weise geben.
- Prädikate sagen in der Regel aus, wer etwas tut oder was passiert.
- Das Prädikat kann aus mehreren Teilen bestehen.

3
a. Gestern = Adverbiale Bestimmung der Zeit
b. Die Geburtstagsfeier von Jonas = Subjekt
c. ein Spiel = Akkusativ-Objekt
d. Jonas = Dativ-Objekt
e. denkt nach = Prädikat

4
a. Maxim schenkt ~~seinen~~/seinem Freund ein/~~einen~~ Buch.
b. In Satz a gehört das Wort „Freund“ zum ~~Akkusativ-Objekt~~/Dativ-Objekt.
c. In Satz a gehört das Wort „Buch“ zum Akkusativ-Objekt / ~~Dativ-Objekt~~.

5
a. Yazan hat einen gebrochenen Fuß und darf heute nicht mitspielen.
b. Er sieht seinem Freund Souliman beim Basketball zu und winkt ihm.
c. Souliman konzentriert sich auf den Ball und sieht seinen Freund Yazan nicht.
d. Er bekommt den Ball und wirft einen Korb!
e. Yazan jubelt seinem Freund zu.
f. Da sieht ihn Souliman und freut sich, dass sein Freund den Korbwurf gesehen hat.

ISBN 978-3-14-121576-2

Merkkasten

Sprich die Wörter ***Los*** und ***Kloß*** laut aus.
Du stellst fest, dass sie beide einen langen Vokal haben und am Ende gleich klingen.
Trotzdem wird ***Los*** mit ***s*** und ***Kloß*** mit ***ß*** geschrieben.

Die **Verlängerungsprobe** hilft dir, herauszufinden, ob ein einsilbiges Wort mit ***s*** oder ***ß*** geschrieben wird:
- ***Los*** – ***Lo se***: mit ***s***, weil der s-Laut weich/stimmhaft ausgesprochen wird (wie das Summen einer Biene).
- ***Kloß*** – ***Klö ße***: mit ***ß***, weil der s-Laut scharf/stimmlos ausgesprochen wird (wie das Zischen einer Schlange).

1 a) Verbinde mit Linien die einsilbigen Wörter links mit den passenden längeren Formen aus derselben Wortfamilie in der rechten Spalte. Verwende möglichst für jede Linie eine andere Farbe.

b) Fülle dann die Lücken mit *s* oder *ß*.

(er) nie ___ t	die Hinwei ___ e, hinwei ___ en
(sie) dö ___ t	nie ___ en, der Nie ___ er
(er) lie ___ t	flei ___ ig, sich beflei ___ igen
(ich) hie ___	sto ___ en, die Stö ___ e
(der) Sto ___	le ___ en, die Le ___ erin
(der) Hinwei ___	dö ___ en, dö ___ ig
(der) Flei ___	hei ___ en, guthei ___ en

2 Trage die folgenden Wörter richtig in die Tabelle ein. Ergänze dazu s oder ß in den Lücken.
Einige Wörter musst du verlängern, um zu entscheiden, welcher s-Laut richtig ist.

das Gemü ___ e | der Spa ___ | der Rie ___ e | die So ___ e | au ___ erdem |
drau ___ en | der Prei ___ | der Gru ___ | der Kä ___ e | das Gla ___

Wörter mit s 	Wörter mit ß 

Merkkasten

Du weißt, dass manche s-Laute weich/stimmhaft („Biene“) gesprochen und als ***s*** geschrieben werden.
Andere werden scharf/stimmlos („Schlange“) gesprochen. Sie werden entweder als ***ss*** oder als ***ß*** geschrieben:
- Nach einem **langen Vokal** wird der stimmlose s-Laut mit ***ß*** geschrieben (siehe Seite 35).
- Nach einem **kurzen Vokal** schreibst du ***ss*** (wie *ll, mm, nn* … nach kurzem Vokal, siehe Seite 34).

Bei einsilbigen Wörtern hilft dir die **Verlängerungsprobe** bei der Entscheidung, ob ***ss*** oder ***ß*** geschrieben wird:
- ***nass*** – ***nas se***: mit ***ss***, weil der Vokal vor dem s-Laut kurz ausgesprochen wird.
- ***fraß*** – ***fra ßen***: *mit* ***ß***, weil der Vokal lang und der s-Laut scharf/stimmlos ausgesprochen wird.

1 Beschrifte die Bilder. Markiere in den Wörtern den kurzen Vokal vor *ss* grün und den langen Vokal vor *ß* rot.

der Riss ______ ______ ______

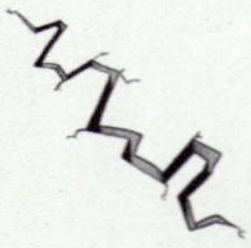

______ ______ ______ ______

2 Diese Wörter weisen sowohl ein *ss* als auch ein *ß* auf. Markiere wie in Aufgabe 1 den kurzen Vokal vor *ss* grün und den langen Vokal vor *ß* rot und fülle die Lücken.

der Rei___verschlu___ | das Wa___ergefä___ | der Kla___enspa___ | der Fu___ku___

3 Ordne den Verben Reimwörter aus dem Kasten unten zu und fülle die Lücken mit *ss* oder *ß*.

hei___en ______

e___en ______

la___en ______

flie___en ______

aufpa___en | bei___en | fre___en | genie___en | gie___en | ha___en |
fa___en | me___en | pre___en | rei___en | schie___en | schwei___en

4 In manchen Wortfamilien kommen kurze und lange Vokale vor. Dann schreibt man bei der einen Form *ss*, bei der anderen *ß*. Schreibe zu den Verbformen jeweils den Infinitiv auf und markiere die Vokale wie oben.

ich aß → ______ er biss → ______ sie schoss → ______

es floss → ______ sie gossen → ______ ich maß → ______

Merkkasten

Es gibt zwei verschiedene Arten von ***h*** in Wörtern:

1. Das **silbentrennende *h*** steht zwischen zwei Vokalen und trennt die Silben.
   Es steht am Anfang der zweiten Silbe: ***ge hen***.

2. Das **Dehnungs-*h*** zeigt an, dass ein Vokal lang (**gedehnt**) ist.
   Daher steht es direkt hinter dem langen Vokal und gehört zur ersten Silbe: ***woh nen***.
   Das Dehnungs-***h*** kann nur vor den Buchstaben ***l, m, n, r*** stehen.

1 Finde die Wörter, die im Quiz gesucht werden.

a. A, B und C sind Buchstaben, 1, 2 und 3 sind Z ______.

b. Den Unterricht bereitet ein L ______ vor.

c. Die Klassensprecher werden durch eine W ______ bestimmt.

d. Das Gegenteil von einem wilden Kind ist ein r ______ Kind.

e. Mit einem Auto kann man f ______.

f. Mia ist die Tochter und Milo ist der S ______.

g. Im Sommer muss man den Rasen oft m ______.

h. Ein Babypferd nennt man F ______.

i. An den Füßen trägt man Sch ______.

j. Das Foto bekommt er in einem schönen R ______.

k. Alle Kinder sollen sich in einer R ______ aufstellen.

l. Bei schwierigen Aufgaben muss man sich besonders viel M ______ geben.

2 a) Sortiere die Lösungswörter aus Aufgabe 1 nach silbentrennendem h und Dehnungs-h, indem du sie mit Silbenbögen aufschreibst.

Wörter mit silbentrennendem h: ______________________________

Wörter mit Dehnungs-h: ______________________________

b) Markiere jeweils den Buchstaben nach dem Dehnungs-h und schreibe ihn hier auf: ____, ____, ____, ____.

3 Finde weitere Begriffe aus der Wortfamilie aus Aufgabe 1d. und markiere jeweils das h.

____

Merkkasten

Wörter mit ***k*** werden oft ausgesprochen wie Wörter mit ***ck***. Auch ***z*** und ***tz*** kann man leicht verwechseln.

Diese einfache Regel hilft dir, solche Wörter richtig zu schreiben:
- ***k*** und ***z*** stehen nur nach einem **langen Vokal** oder nach einem **Konsonanten**: ***Musik, Bank, Dezember, Tanz.***
- ***ck*** und ***tz*** werden nur nach einem **kurzen Vokal** geschrieben: ***Socken, Katze***.

Die Silben werden so getrennt: ***ck*** bleibt zusammen, ***tz*** wird getrennt: ***So-cken, Kat-ze***.

1 Beschrifte die folgenden Bilder. Kreise jeweils *ck* und *tz* ein und markiere den kurzen Vokal grün.

die Ja(ck)e ______ ______ ______

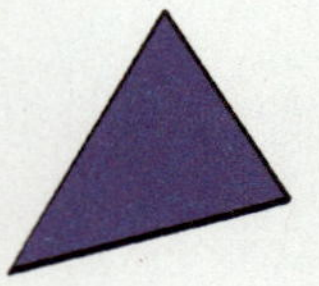

______ ______ ______ ______

2 Entscheide, ob und warum die folgenden Wörter mit *ck* oder *k* geschrieben werden müssen.

der Ha k en	☐ nach kurzem Vokal: ___	☒ nach langem Vokal: a	☐ nach Konsonant: ___
der Geschma ___	☐ nach kurzem Vokal: ___	☐ nach langem Vokal: ___	☐ nach Konsonant: ___
star ___	☐ nach kurzem Vokal: ___	☐ nach langem Vokal: ___	☐ nach Konsonant: ___
die Mü ___ e	☐ nach kurzem Vokal: ___	☐ nach langem Vokal: ___	☐ nach Konsonant: ___
schen ___ en	☐ nach kurzem Vokal: ___	☐ nach langem Vokal: ___	☐ nach Konsonant: ___

Entscheide, ob und warum die folgenden Wörter jeweils mit *tz* oder *z* geschrieben werden müssen.

glän z end	☐ nach kurzem Vokal: ___	☐ nach langem Vokal: ___	☒ nach Konsonant: n
der O ___ ean	☐ nach kurzem Vokal: ___	☐ nach langem Vokal: ___	☐ nach Konsonant: ___
se ___ en	☐ nach kurzem Vokal: ___	☐ nach langem Vokal: ___	☐ nach Konsonant: ___
plö ___ lich	☐ nach kurzem Vokal: ___	☐ nach langem Vokal: ___	☐ nach Konsonant: ___
der Schmer ___	☐ nach kurzem Vokal: ___	☐ nach langem Vokal: ___	☐ nach Konsonant: ___

Merkkasten

Die Umlaute ***ä*** und ***äu*** hören sich oft so an wie ***e*** und ***eu***. Wenn du nicht sicher bist, ob ein Wort mit ***ä*** oder ***e***, ***äu*** oder ***eu*** geschrieben wird, dann suchst du nach einer verwandten Form aus der Wortfamilie.
Die meisten Wörter mit ***ä*** stammen von Wörtern mit ***a*** ab, die meisten Wörter mit ***äu*** von Wörtern mit ***au***:
Äste (?) → ***Ast*** → also mit ***ä***, ***Zäune*** (?) → ***Zaun*** → also mit ***äu***.
Findest du zu einem Wort keine verwandte Form mit ***a*** oder ***au***, wird es meistens mit ***e*** oder ***eu*** geschrieben:
Freude (?) → --- → also mit ***eu***.

1 Erschließe die Lückenwörter aus der Wortfamilie *kaufen* und sortiere sie in die Tabelle ein.

k ___ fen | K ___ fer |
K ___ fpreis | Verk ___ fer
verk ___ fen | verk ___ flich |
unverk ___ flich
Verk ___ fsbereich | K ___ fergruppe
eink ___ fen | Fehlk ___ f | K ___ ferin

mit au	mit äu

2 a) Entscheide für alle blau geschriebenen Wörter, welche Schreibung die richtige ist.
Streiche die falsche durch.

Meine ~~Hende~~/Hände sind bei dieser Kelte/Kälte im Winter beinahe teglich/täglich eiskalt.

Nach der Wesche/Wäsche der Hände werme/wärme ich sie unter einer kuscheligen Decke/Däcke.

Ehrlich/Ährlich gesagt, kann es ganz schön gefehrlich/gefährlich werden, wenn sie sich so beteubt/betäubt anfühlen. Da fellt/fällt es vielen Leuten/Läuten schwer/schwär, im Dezember/Dezämber ihre Heuser/Häuser zu verlassen – auch wenn die Klenge/Klänge und Gereusche/Geräusche der Stende/Stände auf Weihnachtsmerkten/Weihnachtsmärkten sie nach draußen locken.

b) Begründe alle Schreibungen mit **ä** und **äu** mithilfe von verwandten Wörtern.

Hände wegen Hand, ___

___

___

TEST Vokale und Konsonanten

Video: WEBCODE **WES-11576-004**

Video: WEBCODE **WES-11576-005**

Video: WEBCODE **WES-11576-006**

1 Kreuze die zutreffenden Aussagen an.

- ☐ In jeder Silbe muss es mindestens einen Konsonanten geben.
- ☐ Diese Wörter haben eine offene betonte Silbe: *Kleider, Schere, große.*
- ☐ Eine geschlossene betonte Silbe endet auf *a, e, i, o oder u.*
- ☐ Die meisten deutschen Wörter werden auf der ersten Silbe betont.

2 Berichtige die falschen Aussagen aus Aufgabe 1.

______

______

3 Entscheide, ob diese Wörter mit einfachem oder doppeltem Konsonanten geschrieben werden:

wi ___ (l/ll) | oh ___ e (n/nn) | Pfa ___ e (n/nn) | Rake ___ e (t/tt) | Ra ___ e (t/tt) | U ___ er (f/ff)

4 Fülle die folgenden Lücken mit *s, ss* oder *ß.*

Ich wei ___ genau, dass ich aufpa ___ en mu ___ , wenn ich aus Spa ___ barfu ___ über die hei ___ e Stra ___ e laufe. Dabei könnte ich gewi ___ zumindest meine ___ ocken anziehen, um rau ___ aus un ___ erem Hau ___ zu gehen. Au ___ er ein Ei ___ zu genie ___ en, könnte ich dann drau ___ en das Wa ___ er aus der Gie ___ kanne über meine schwei ___ na ___ en Fü ___ e gie ___ en.

5 Schreibe drei Wörter mit *silbentrennendem h* und drei mit *Dehnungs-h* auf.

Silbentrennendes h: ______

Dehnungs-h: ______

6 Ergänze den folgenden Lückentext.

Vor einem *ck* und *tz* muss immer ein ______ stehen.

k und *z* hingegen können entweder nach einem ______ oder nach einem ______ vorkommen. Deshalb schreibt man wie folgt: gu ___ en (ck/k?), der Spu ___ (ck/k?), dun ___ el (ck/k?), der Mär ___ (tz/z?), die Noti ___ (tz/z?), die Ta ___ e (tz/z?)

7 Ermittle mithilfe von Ableitungen, welche Schreibung gestrichen werden muss.

der Becker/Bäcker ← ______

die Reume/Räume ← ______

die Zeune/Zäune ← ______

engstlich/ängstlich ← ______

Merkkasten

Die erste Silbe der Wörter ***end lich*** und ***Ent zün dung*** klingt gleich. Einmal schreibt man allerdings ***end*** mit ***d*** und einmal ***ent*** mit ***t***.
Die **Vorsilbe *ent-*** erkennst du daran, dass sie **nicht betont** wird. Die Betonung liegt bei ***Entzündung*** auf der Silbe ***-zün-***. Die ***Vorsilbe end-*** wird immer **betont**. Sie ist der Wortstamm von ***Ende***.

Auch die **Nachsilben *-lich*** und ***-ig*** klingen oft gleich: ***peinlich, mutig***. Durch die **Verlängerung** der Adjektive erkennst du die richtige Schreibung: ***peinliche → -lich; mutige → -ig***.

1 a) Bilde Wörter aus dem Wortstamm **-end-**, der etwas mit *Ende* zu tun hat.
b) Markiere die betonte Silbe.

Ergebnis ***Zeit*** ***Spurt***

- end -

Abrechnung ***Bahnhof***

das Endergebnis
___
___
___

2 a) Zerlege die folgenden Wörter in ihre Silben und markiere die betonte Silbe.
b) Entscheide, ob mit ***end-*** oder ***ent-*** geschrieben werden muss. Fülle die Lücken aus.

en__werfen	ent wer fen → mit t, da ent- unbetont ist
En__haltestelle	End hal te stel le → mit d, da End- betont ist; kommt von Ende
En__spiel	
en__spannen	

3 Sortiere die Wörter richtig in die Tabelle ein. Schreibe immer das verlängerte Adjektiv dahinter.

ähnl__ | angebl__ | eis__ | ekel__ | erstaunl__
fäh__ | lust__ | mögl__ | tägl__ | vernünft__

Nachsilbe *-lich*	Nachsilbe *-ig*
ähnlich (ähnliche)	

Merkkasten

Video: WEBCODE **WES-121576-007**

Diese Wörter werden **großgeschrieben**:

1. Wörter am **Satzanfang:** ***Es war einmal …***

2. **Namen:** ***Maike, Schulze, Berlin, Deutschland, Volkswagen …***

3. **Nomen,** die an diesen **Signalen** zu erkennen sind:
   a) **Artikel**: ***der Hund, eine Katze …***
   b) **Pronomen**: ***meine Katze, dieser Hund, unser Haustier …***
   c) **Adjektiv**: ***der kleine Hund, saubere Katzen …***
   d) **Präposition und versteckter Artikel**: ***am (= an dem) Sonntag, zur (= zu der) Schule …***
   e) **Nachsilbe**: ***Geschwindigkeit, Achtung, Freiheit, Verhängnis, Meisterschaft, Winzling …***
   f) Bei **fehlendem Signalwort** kannst du in Gedanken einen Artikel dazusetzen:
   Hunde und Katzen sind willkommen. → (Die) Hunde und (die) Katzen sind willkommen.

Auch **Verben** oder **Adjektive** können **zu Nomen werden**, wenn eins der Signale davorsteht. Dann werden sie großgeschrieben: ***laufen → das Laufen/beim Laufen/schnelles Laufen; schön → das Schöne.***

1 a) Streiche in den folgenden Sätzen die falsche Schreibung durch.

b) Schreibe auf die Linie daneben den Grund für deine Entscheidung (wenn möglich, mit der Nummer aus dem Infokasten oben).

Schnelle läufer/Läufer kommen zum Ziel. Adjektiv davor (3c) → Großschreibung

Du musst rennen/Rennen, um zu gewinnen. ______

Beim rennen/Rennen verbesserst du dich. ______

Unser lauf/Lauf war erfolgreich. ______

Jetzt lauf/Lauf aber schnell los. ______

Wer schnell/Schnell ist, gewinnt. ______

Der schnellste/Schnellste gewinnt. ______

2 Schreibe den folgenden Text in richtiger Groß- und Kleinschreibung auf die Linien.

ALS ICH DAS ERSTE MAL AN EINEM WETTLAUF TEILGENOMMEN HABE, WAR ICH SO NERVÖS.

DAS AUFREGENDSTE WAR DAS JUBELN DER ZUSCHAUER, DIE UNS IN JEDER KURVE ANFEUERTEN.

______

______

______

______

Merkkasten

Zeitangaben werden **großgeschrieben**, wenn sie die typischen Signale für **Nomen** aufweisen: ***der Morgen, der Mittag, der Nachmittag, der Abend, die Nacht, am Morgen, der frühe Abend, am späten Abend, am Montag, der letzte Sonntag, am Sonntagmorgen, (der) Montagnachmittag …***

Alle **anderen Zeitangaben** schreibt man **klein**: ***vorgestern, gestern, heute, morgen, übermorgen, morgens, mittags, nachmittags, abends, montags, dienstags …***

Die Kleinschreibung gilt auch bei ***morgen früh, heute früh,*** da hier kein Nomen vorhanden ist. Zeitangaben können übrigens kombiniert werden: ***gestern Abend, heute Morgen, heute Nacht …***

1 Entscheide, wie die folgenden Zeitangaben geschrieben werden. Streiche jeweils die falsche Schreibung durch und trage den richtigen Buchstaben in die Lücke ein.

__orgens (m/M) | am __orgen (m/M) | Guten __orgen! (m/M) | jeden __orgen (m/M)

__estern (g/G) | gestern __acht (n/N) | gestern __achmittag (n/N) | gestern __rüh (f/F)

__amstags (s/S) | am __amstag (s/S) | diesen __amstag (s/S) | immer __amstags (s/S)

2 Hier siehst du eine Übersicht über Theos Wochenende und mit den geplanten Aktivitäten.

a) Fülle die Lücken bei den Zeitangaben in der linken Spalte der Tabelle.

b) Wähle **sechs** Aktivitäten aus und formuliere jeweils einen Satz mit Zeitangaben, mit dem du die Aktivität beschreibst. Drei Beispielsätze findest du schon zur Hilfe unter der Tabelle.

c) Markiere alle verwendeten Zeitangaben farblich.

Tageszeit	Freitag	Samstag	Sonntag
ca. 9 Uhr = morgens	Kunstunterricht (Schule)	Frühstück	Picknick im Park
ca. 12 Uhr =	Mensabesuch	Mittagessen	Volleyball im Park
ca. 15 Uhr =	Treffen mit Erik	Besuch von Oma und Opa	Mit kleiner Schwester spielen
ca. 18 Uhr =	Abendessen zu Hause	Kinobesuch	Schulranzen packen

Am Freitagmorgen hat Theo Kunstunterricht in der Schule.
Am Freitag isst Theo mittags in der Mensa.
Für Freitagnachmittag hat sich Theo mit Erik verabredet.

(1) ___

(2) ___

(3) ___

(4) ___

(5) ___

(6) ___

TEST Vor- und Nachsilben, Groß- und Kleinschreibung

1 Ergänze jeweils die Nachsilben *-lich* und *-ig*.

fäh ___ | absicht ___ | ew ___ | zöger ___ | könig ___ | volljähr ___

2 Fülle die Lücken aus.

Die Silbe *End-* in *Endstation* kommt vom Wort ______________ und ist betont. Die Vorsilbe *ent-* wird ______________ betont. Deshalb schreibt man ______ sorgen, ______ zünden, die ______ wicklung, aber das ______ spiel, ______ lich und der ______ spurt.

3 Kreuze die zutreffenden Signale für Großschreibung an.

- ☐ am Satzende
- ☐ nach Artikel
- ☐ nach Konsonant
- ☐ nach Adjektiv
- ☐ bei bestimmten Vorsilben

4 Nenne drei Signale für Großschreibung, die noch nicht in Aufgabe 1 genannt werden. Gib jeweils ein Beispiel an.

(1) ______________________________

(2) ______________________________

(3) ______________________________

5 Erkläre, warum man schreibt: *wir laufen, das Laufen; gelb, das Gelb.*

____

____

6 Schreibe alle Zeitangaben im Text richtig über die jeweilige Zeile.

HEUTE MORGEN bin ich extra früh aufgestanden, denn GESTERN FRÜH hatte ich verschlafen – das erste Mal DONNERSTAGS. Deshalb habe ich mir GESTERN ABEND gleich zwei Wecker gestellt, damit ich HEUTE, am FREITAG, nicht wieder aus Versehen bis MITTAGS schlafe. HEUTE NACHMITTAG möchte ich mich nämlich für meinen Wettkampf ÜBERMORGEN vorbereiten, der wie immer SONNTAGS am FRÜHEN ABEND stattfindet.

Merkkasten

Wörtliche Rede bezeichnet das, was jemand sagt. Man gibt sie in **Anführungszeichen** an:
„Ich möchte etwas spielen."
Damit man weiß, wer etwas sagt, verwendet man einen **Begleitsatz**:
Karla sagt: „Ich möchte etwas spielen."
Der Begleitsatz kann an verschiedenen Stellen stehen:
- **vor** der wörtlichen Rede: ***Karla sagt: „Ich möchte etwas spielen."***
- **nach** der wörtlichen Rede: ***„Ich möchte etwas spielen", sagt Karla.***
- **eingeschoben** in die wörtliche Rede: ***„Ich möchte", sagt Karla, „etwas spielen."***

Beim nachgestelltem Begleitsatz lässt man den **Punkt** am Ende der wörtlichen Rede weg.
Frage- oder **Ausrufezeichen** bleiben aber erhalten:
„Möchtest du etwas mit mir spielen?", fragt Karla.
„Spiel doch endlich etwas mit mir!", ruft Karla ungeduldig.

1 Verbinde die Sätze, sodass sie Sinn ergeben. Schreibe sie mit richtiger Zeichensetzung auf die Linien. Setze die nötigen Doppelpunkte, Anführungszeichen und Kommas.

Die Verkäuferin fragt	Ich suche eine neue Regenjacke.
Der Kunde antwortet	Vielen Dank für den Hinweis!
Die Verkäuferin erklärt	Was kann ich für Sie tun?
Der Kunde bedankt sich	Die Jacken finden Sie in der ersten Etage.

2 a) Setze im folgenden Satz die fehlenden Zeichen der wörtlichen Rede.
b) Stelle den Satz danach so um, dass der Begleitsatz an zwei anderen Positionen steht.

Mia behauptet: Ich kann schneller Fahrrad fahren als mein Bruder.

3 Wandle den *dass*-Satz in einen Satz mit wörtlicher Rede um und setze die Satzzeichen.

Timur kündigt seinen Eltern an, dass er morgen eine Deutscharbeit schreibt.

Timur

RECHTSCHREIBUNG Kommasetzung zwischen Haupt- und Nebensätzen

Video: ▶ WEBCODE **WES-121576-008**

Merkkasten

Zwischen einem Haupt- und einem Nebensatz muss ein Komma gesetzt werden. Den Nebensatz erkennt man oft an einer Konjunktion am Anfang und dem Prädikat (Verb) am Ende. Konjunktionen sind z. B. ***als, bis, da, damit, dass, falls, nachdem, ob, obwohl, sodass, während, weil, wenn, wie***.

Der **Nebensatz** kann an verschiedenen Stellen stehen:
- **nach** dem Hauptsatz: ***Ich höre gern Musik, wenn ich fröhlich bin***. (1 Komma!)
- **vor** dem Hauptsatz: ***Wenn ich fröhlich bin, höre ich gern Musik.*** (1 Komma!)
- **eingeschoben** in den Hauptsatz: ***Ich höre, wenn ich fröhlich bin, gern Musik.*** (2 Kommas!)

1 a) Verknüpfe die beiden Sätze mit der angegebenen Konjunktion.

Draußen stürmt es. Wir bleiben besser im Haus. (wenn)

____

Ich bin pappsatt. Ich habe heute Mittag so viel gegessen. (weil)

____

Die Schulklasse verhält sich ganz leise. Der Lehrer ist stolz auf sie. (damit)

____

b) Unterstreiche in deinen Lösungssätzen aus a) den Nebensatz, markiere die Konjunktion und das Verb am Ende gelb und kreise das Komma ein.

c) Stelle einen Lösungssatz so um, dass der Nebensatz an einer anderen Position steht (*vor*, *im* oder *nach* dem Hauptsatz).

____

2 Setze im folgenden Text die fehlenden Kommas zwischen Hauptsätzen und Nebensätzen.
- Markiere die Konjunktion am Anfang und das Verb am Ende der Nebensätze gelb.
- Unterstreiche die Nebensätze und setze die Kommas.

Nachdem sich alle Sechstklässler auf ihre Plätze gesetzt haben, beginnt der Unterricht.
Frau Moll hat schon obwohl es noch so früh ist die Arbeitsmaterialien verteilt.
Die Kinder beginnen mit der Bearbeitung ihrer Aufgaben da sie noch viel Energie am Morgen haben.
Als aber einige Zeit vergangen ist werden manche Mädchen und Jungen unruhig.
Frau Moll kündigt weil sie das bemerkt hat eine spontane Pause an.
Während die Kinder einmal über den Schulhof rennen dürfen wird der Klassenraum gut durchgelüftet.
Nun haben sich die Kinder wieder erholt sodass sie bis zum Ende der Stunde konzentriert weiterarbeiten können.
Wenn die Energie wieder nachlässt ist sicher schon große Pause.

RECHTSCHREIBUNG **Kommasetzung bei Nebensätzen mit *dass***

Video: ▶ WEBCODE **WES-121576-009**

Merkkasten

Häufig werden **Nebensätze** mit der Konjunktion ***dass*** eingeleitet. ***dass*-Sätze** können vor oder nach dem Hauptsatz stehen oder in den Hauptsatz eingeschoben sein. Sie werden durch Kommas vom Hauptsatz abgetrennt.
Der **Nebensatz** mit ***dass*** steht oft in Verbindung mit einem Hauptsatz, in dem Verben wie ***behaupten, denken, finden, glauben, hoffen*** oder ***sagen*** vorkommen:

Er denkt schon immer, dass er ein Fußballstar ist. Dass er ein Fußballstar ist, denkt er schon immer.
Sie sagt gern, dass sie mal im Zoo arbeiten möchte. Dass sie mal im Zoo arbeiten möchte, sagt sie gern.

1 a) Verknüpfe die beiden Sätze mit der Konjunktion *dass*. Setze das Komma an der richtigen Stelle.

Wir hoffen: Der Zug kommt bald.

____

Ich finde: Im Bahnhof ist es ganz schön kalt.

____

Du behauptest: Der Zug ist schon abgefahren.

____

Ihr sagt: Ihr nehmt nun den Bus statt den Zug.

____

b) Unterstreiche in deinen Lösungssätzen aus a) den Nebensatz, markiere die Konjunktion und das Verb am Ende gelb und kreise das Komma ein.

c) Stelle zwei Lösungssätze so um, dass der Nebensatz vor dem Hauptsatz steht. Denke an das Komma.

____

____

2 Setze die durcheinandergeratenen Sätze mithilfe der Konjunktion *dass* wieder sinnvoll zusammen. Schreibe sie mit richtiger Kommasetzung auf.

Der Zugführer erklärt		der Zug einfach nicht ankommt.
Am Bahnhof staunt man darüber		alle einen gültigen Fahrschein haben.
Der Schaffner achtet darauf	***dass***	die Verspätung schon 45 Minuten beträgt.
Die Bahnhofsuhr zeigt an		es ein technisches Problem gibt.

TEST Zeichensetzung

1 Kreuze die zutreffenden Aussagen an.

- ☐ Der Begleitsatz ist der wörtlichen Rede immer vorangestellt.
- ☐ Die wörtliche Rede wird durch Ausrufezeichen gekennzeichnet.
- ☐ Zwischen einem Haupt- und einem Nebensatz steht immer ein Komma.
- ☐ Wenn der *dass*-Satz vorangestellt ist, braucht man kein Komma zu setzen.
- ☐ Vielgenutzte Konjunktionen sind *weil*, *als*, *obwohl* und *da*.

2 Korrigiere die falschen Sätze aus Aufgabe 1.

3 Setze alle fehlenden Zeichen der wörtlichen Rede.

James fragt   Fahren wir heute gemeinsam zum Fußballturnier
Sofort antwortet Kevin   Ja, meine Eltern können dich mitnehmen
Ihr seid   ruft James erleichtert   die Besten
Das kannst du wohl laut sagen   entgegnet Kevin lachend.

4 Setze die fehlenden Kommas in den folgenden Sätzen.
- Markiere die Konjunktion am Anfang und das Verb am Ende der Nebensätze gelb.
- Unterstreiche die Nebensätze und setze die Kommas.

Obwohl ich schon Muskelkater habe gehe ich heute zum Fußballtraining.
Das Training macht mir so viel Spaß dass ich am liebsten jeden Tag Fußball spielen würde.
Als ich die Idee der Trainerin vorschlage muss sie lachen.

5 Stelle die Sätze so um, dass der Nebensatz an einer anderen Position steht. Denke an das Komma.

Im Training wiederholen wir viele Taktiken, damit wir sie beim Punktspiel beherrschen.

Wenn wir dann ein Spiel gewonnen haben, sind wir froh über das harte Training.

Merkkasten

Nomen haben ein **grammatisches Geschlecht** (Genus). Man erkennt es am Artikel des Nomens:
der Vogel (männlich/maskulin), ***die Schildkröte*** (weiblich/feminin), ***das Schiff*** (sächlich/neutral).

Es gibt die **bestimmten Artikel** ***der, die, das*** (auch: ***den, dem, des***) und die **unbestimmten Artikel** ***ein, eine*** (auch: ***einen, einem, eines***).
– Den unbestimmten Artikel verwendet man, wenn etwas nicht genau benannt werden kann oder wenn man etwas zum ersten Mal nennt: ***Ich habe eine neue Lehrerin.***
– Den bestimmten Artikel verwendet man, wenn schon bekannt ist, wovon man spricht: ***Die neue Lehrerin ist sehr nett.***

1 a) Unterstreiche in dem folgenden Text die bestimmten Artikel mit einer einfachen Linie und die unbestimmten Artikel mit einer Wellenlinie.
b) Markiere die weiblichen Artikel rot, die männlichen blau und die sächlichen gelb.

Janek fährt zusammen mit der Familie in den Urlaub. Sie haben ein Flugticket. Janek steigt mit dem Ticket und einem Rucksack in das Flugzeug. Vorher hat er den Koffer bei der Gepäckabgabe abgegeben. Das Flugzeug ist sehr groß. Janek hat zum Glück einen Fensterplatz bekommen. Er findet seinen Platz, holt die Kopfhörer aus dem Rucksack und legt den Rucksack in die Gepäckablage über den Sitzen. Seine Schwester hat den Sitzplatz neben Janek. Die Eltern sitzen eine Reihe vor ihnen. Jetzt kann die Reise starten! Die Flugbegleiter machen noch eine Ansprache, bevor das Flugzeug startet.

2 Setze die passenden bestimmten und unbestimmten Artikel ein:

Janek: Heute hatte ich ______ seltsamen Traum. So ______ Traum hatte ich noch nie!

Ruth: Kannst du mir ______ Traum erklären?

Janek: In ______ Traum konnte ich fliegen! Ich bin über ______ Stadt geflogen.

Ruth: Hast du ______ Stadt erkannt?

Janek: Ja, ______ Stadt heißt Kassel. Da waren wir Ostern.

Ruth: Hast du auch das Wahrzeichen von Kassel gesehen?
Es ist ______ riesiges Denkmal, das oben auf ______ Berg steht.
Es ist ______ griechischer Held. ______ Held heißt Herkules.

Janek: Nein, aber ich bin über ______ Schloss geflogen. Es war ______ Schloss, das wir in unserem Urlaub besichtigt haben. Aber dann bin ich leider aufgewacht.

Ruth: Schade, vielleicht wärst du ja noch ______ Helden Herkules begegnet!

Merkkasten

Im Deutschen kann das Nomen mit seinen Begleitern (Artikel, Adjektive) in **vier Fällen** (Kasus) stehen: im **Nominativ**, im **Genitiv**, im **Dativ** und im **Akkusativ**. Oft kannst du den Fall an der Form des Artikels erkennen, manchmal auch an der Endung des Nomens. Du kannst den Fall immer durch die **Frageprobe** herausfinden.

Nomen mit bestimmtem Artikel im Singular (Einzahl)

Nominativ:	Wer oder was …?	→		*Der Schüler*	/ *Die Schülerin*	/ *Das Monster kauft ein Brot.*
Genitiv:	Wessen …?	→	*Es ist das Brot*	*des Schülers*	/ *der Schülerin*	/ *des Monsters.*
Dativ:	Wem …?	→	*Sie gibt*	*dem Schüler*	/ *der Schülerin*	/ *dem Monster das Brot.*
Akkusativ:	Wen oder was …?	→	*Er grüßt*	*den Schüler*	/ *die Schülerin*	/ *das Monster.*

Nomen mit bestimmtem Artikel im Plural (Mehrzahl)

Nominativ:	Wer oder was …?	→		*Die Schüler*	/ *Die Schülerinnen*	/ *Die Monster kaufen ein Brot.*
Genitiv:	Wessen …?	→	*Es ist das Brot*	*der Schüler*	/ *der Schülerinnen*	/ *der Monster.*
Dativ:	Wem …?	→	*Sie gibt*	*den Schülern*	/ *den Schülerinnen*	/ *den Monstern das Brot.*
Akkusativ:	Wen oder was…?	→	*Er grüßt*	*die Schüler*	/ *die Schülerinnen*	/ *die Monster.*

Nomen mit unbestimmtem Artikel im Singular (Einzahl):

Nominativ:	Wer oder was …?	→		*Ein Schüler*	/ *Eine Schülerin*	/ *Ein Monster kauft ein Brot.*
Genitiv:	Wessen …?	→	*Es ist das Brot*	*eines Schülers*	/ *einer Schülerin*	/ *eines Monsters.*
Dativ:	Wem …?	→	*Sie gibt*	*einem Schüler*	/ *einer Schülerin*	/ *einem Monster das Brot.*
Akkusativ:	Wen oder was…?	→	*Er grüßt*	*einen Schüler*	/ *eine Schülerin*	/ *ein Monster.*

1 a) Trage die passenden **bestimmten Artikel** im richtigen Fall in die Lücken ein. Nutze als Hilfe die Frageprobe.
b) Unterstreiche die Nomen mit ihren Artikeln und schreibe den jeweiligen Fall darüber.

Wer führt ein ruhiges Leben?

Wessen Geheimnis …?

Nominativ
Die Galápagos-Riesenschildkröten führen ein ruhiges Leben. Doch das Geheimnis ___ Schildkröten ist: Obwohl sie sehr langsam sind, können ___ Schildkröten auch lange Strecken zurücklegen. Auf ___ Weg von einem Futterort zum anderen können ___ großen Vierbeiner innerhalb von zwei Tagen bis zu 15 Kilometer wandern. Doch das ist nicht das einzige Außergewöhnliche. Kennst du schon ___ Essgewohnheiten ___ Schildkröten? ___ Schildkröten können lange ohne Essen auskommen. Bis zu einem Jahr, wenn ___ Futter knapp ist.

2 Trage die passenden **unbestimmten Artikel** im richtigen Fall in die Lücken ein:

Janek geht durch ___ Tierpark. Dort sieht er ___ Vogel, der ___ riesigen Schnabel besitzt. Der Schnabel ist gelb, gebogen und hat ___ spitzes Ende. Ansonsten hat der Vogel ___ schwarz-weißes Gefieder. „Was ist das für ___ Vogel?“, fragt er ___ Gärtnerin. „Das ist ___ Tukan“, antwortet sie. Janek will unbedingt ___ Foto von dem Tukan machen.

Video: ▶ WEBCODE **WES-121576-010**

Merkkasten

Personalpronomen können **anstelle von Namen und Nomen** gebraucht werden:
ich, du, er, sie, es (auch: ***ihm, ihr, ihn***), ***wir, ihr, sie*** (auch: ***ihnen***).
Personalpronomen sorgen dafür, dass Nomen in einem Text nicht ständig wiederholt werden müssen:
Janek schreibt an seine Oma. Er erzählt ihr von einem neuen Spiel. Es hat ihm sehr gut gefallen.

1 Setze in die Lücken im Text die passenden Personalpronomen ein. Sie stehen für die blau gedruckten Ausdrücke im vorangehenden Satz.

Lieber Janek, wie geht es Lisa und dir? Hattet ______ ein schönes Wochenende? Opa und ich waren am Wochenende in unserem Garten. ______ haben ganz viele Erdbeeren gepflückt. Wir werden ______ zu Marmelade einkochen. Wenn Lisa und du uns besuchen kommt, könnt ______ sie probieren. Wie geht es eurem Kater? Jagt ______ immer noch so viele Mäuse? Hast du dein Geschenk schon ausgepackt? Wie hat ______ dir gefallen? Viele Grüße von Oma

2 Setze die passenden Personalpronomen ein. Achte dabei auf den Textzusammenhang.

Hallo Lilly und Natalie, ______ habe meine Hausaufgaben vergessen. Könnt ______ mir vielleicht helfen? ______ haben ja gestern zusammen die Hausaufgaben gemacht. Frau García ist immer so streng, hoffentlich glaubt ______ uns, dass wir zusammen gearbeitet haben. Erinnert ______ euch, als Jona und David die Aufgaben einmal nicht hatten? ______ mussten zwei Stunden nacharbeiten! Und Jona war genervt, weil ______ sein Fußballtraining verpasst hat. Nati, kannst ______ mir die Aufgaben zum Fotografieren geben?

3 Entscheide, an welchen Stellen in dem Brief Nomen durch Pronomen ersetzt werden können.
Streiche die Nomen durch und schreibe jeweils das passende Pronomen darüber. Achtung: Nicht alle Nomen können durch Pronomen ersetzt werden, da man sonst den Sinn des Textes nicht mehr versteht!

Liebe Oma, ich habe heute ein neues Spiel kennengelernt, ~~das Spiel~~ (es) hat mir sehr gefallen. Das Spiel hat mein Freund Felix mitgebracht. Das Spiel hat natürlich auch einen Namen, aber ich habe den Namen leider vergessen. Damit Felix und ich das Spiel spielen konnten, brauchten Felix und ich noch zwei andere Mitspieler. Felix und ich haben das Spiel Stefan und Jess vorgestellt. Dann haben Felix, Stefan, Jess und ich das Spiel gemeinsam gespielt. Das Spiel ist so ähnlich wie „Mensch ärgere dich nicht“. Aber das Spiel ist viel lustiger. Ich möchte das Spiel auch mal mit dir und Opa spielen. Ich bringe das Spiel morgen mit, damit du das Spiel kennenlernen kannst. Liebe Grüße von Janek

Merkkasten

Wenn du mit einer Person sprichst oder ihr schreibst, wirst du sie entweder duzen oder siezen. Man duzt Menschen, die man gut kennt, z. B. Familienmitglieder und Freunde. Man siezt Erwachsene, mit denen man nicht so vertraut umgeht, z. B. Verkäuferinnen, Busfahrer oder die Schulleiterin.
Beim **Duzen** sprichst du die Person mit den **Anredepronomen** ***du, dir, dich*** an. Wenn es mehrere Personen sind, verwendest du ***ihr*** und ***euch***. Beim **Siezen** verwendest du die **Anredepronomen in der Höflichkeitsform:**
Sie, Ihnen, Ihr, Ihre, Ihren. Sie werden **großgeschrieben**.

1 Lisa hat an ihre Schulleiterin geschrieben. Natürlich siezt sie die Schulleiterin, aber sie hat nicht daran gedacht, die Anredepronomen in der Höflichkeitsform großzuschreiben. Markiere alle Anredepronomen in Lisas Text und korrigiere den Anfangsbuchstaben.

Sehr geehrte Frau Neuhaus,

meine Familie und ich werden in den Osterferien eine Tierschutz-Organisation besuchen und dort für zwei Wochen mithelfen. Da kam mir die Idee, dass vielleicht die ganze Schule helfen könnte!
Daher schreibe ich ihnen diese Mail: Ich habe eine Bitte an sie.
Würden sie mir erlauben, eine Spendenaktion in unserer Schule zu organisieren?
Damit würden sie die Schülerinnen und Schüler ermuntern, sich mehr für den Tierschutz einzusetzen.
Mit ihrer Erlaubnis würde ich Plakate basteln, um auf die Spendenaktion aufmerksam zu machen. Wenn sie einverstanden sind, würde ich am Mittwoch in den Pausen einen Spendenstand in der Eingangshalle aufbauen.
Wie finden sie meine Idee? Ich freue mich auf ihre Antwort.

Viele Grüße von Lisa

2 Lisa möchte auch in ihrer Kirchengemeinde nach Spenden fragen. Dafür schreibt sie eine E-Mail an den Pastor. Setze in die Lücken die passenden Anredepronomen ein.

Sehr geehrter Herr Morales,

ich schreibe ______ diese E-Mail mit einer großen Bitte: Auf den Galapagos-Inseln leben einzigartige Tiere und Pflanzen. Doch sie sind durch den Einfluss des Menschen gefährdet und auf unsere Hilfe angewiesen.

Mit ______ Hilfe möchte ich die Tierschutzorganisation auf den Galapagos-Inseln unterstützen.

Ich bitte ______ daher, ob ______ am nächsten Sonntag in ______ Gottesdienst diese Organisation erwähnen könnten. Vielleicht schaffen ______ es dadurch, Spender zu gewinnen.

Ich wäre ______ sehr dankbar, wenn ______ mich unterstützen würden.

Es grüßt ______ herzlich ______ Lisa

1 Kreuze die zutreffenden Aussagen an.

- ☐ Im Deutschen gibt es drei grammatische Geschlechter für Nomen.
- ☐ Die Anredepronomen in der Höflichkeitsform heißen ***der, die, das***.
- ☐ Die unterschiedlichen Fälle der Nomen im Satz kann man durch Frageproben herausfinden.
- ☐ Den unbestimmten Artikel verwendet man, wenn bekannt ist, wovon man spricht.
- ☐ ***Ein*** und ***eine*** sind bestimmte Artikel.

2 Korrigiere die falschen Aussagen, indem du die Sätze richtig aufschreibst.

___

___

___

3 Trage in die Beispielsätze den passenden bestimmten Artikel im richtigen Fall ein:

a. Ich gehe mit ______ Hund meiner Oma spazieren.
b. Ismael zeigt ______ Lehrerin seine Aufgaben.
c. Tom hat sich den Schlüssel ______ Hausmeisters geliehen.
d. Wir haben ______ Film zusammen gesehen.

4 Ersetze das Nomen, das im Text ständig wiederholt wird, an einigen Stellen durch das passende Personalpronomen.

Zum Geburtstag habe ich ein neues Fahrrad bekommen. Das Fahrrad ist knallrot und fährt wie der Blitz. Mit dem Fahrrad habe ich schon viele Touren unternommen. Aber am letzten Montag bekam ich einen Schock: Das Fahrrad war weg! Aber dann fiel mir wieder ein, dass ich das Fahrrad woanders abgestellt hatte. Dort stand das Fahrrad noch. War ich erleichtert!

5 Setze in Lisas Mail an ihre Schulleiterin die passenden Anredepronomen ein.

Liebe Frau Neuhaus,

vielen Dank für ______ positive Antwort auf meine Anfrage. Es freut mich, dass ______ mit der Spendenaktion einverstanden sind. Wenn es ______ recht ist, könnten wir noch Waffeln backen und verkaufen. Würden ______ bitte den Hausmeister fragen, ob er uns hilft?

Ich danke ______ im Voraus. Durch ______ Unterstützung wird die Aktion bestimmt ein Erfolg!

Es grüßt ______ herzlich ______ Lisa

Merkkasten

Verben können in verschiedenen **Zeitformen** verwendet werden. Besonders häufig kommen das Präsens, das Präteritum und das Perfekt vor.
Das **Präsens** verwendet man gewöhnlich für die **Gegenwart**: ***Jovan kommt in die neue Klasse.***
Das **Perfekt** gebraucht man oft, wenn man **mündlich** mitteilt, was in der Vergangenheit geschehen ist:
Jovan ist heute in die neue Klasse gekommen.
Das **Präteritum** wird genutzt, wenn man **schreibt**, was in der Vergangenheit geschah:
Jovan kam vor ein paar Tagen in die neue Klasse.

1 a) Markiere die Verben im folgenden Text.

Die 6c ist eine Klasse mit 26 Schülerinnen und Schülern. Doch dann kommt Jovan dazu. Jovan ist ganz neu in Deutschland. Er versteht noch sehr wenig, aber er will ganz schnell Deutsch lernen. Mit seiner guten Laune findet er schnell Freunde in der Klasse. In den Pausen spielt er gern Fußball mit den anderen. Doch manchmal vermisst er noch das Land, aus dem er kommt.

b) In welcher Zeitform steht der Text? Der Text steht im ______________________.

c) Forme den Text ins Präteritum um:

Die 6c war bis vor kurzem eine Klasse mit 26 Schülerinnen und Schülern. Doch dann

____

____

____

____

____

2 Schreibe in die Sprechblasen, was Luca und Tim ihren Freunden von dem neuen Schüler in ihrem Jahrgang erzählen. Formuliere im Perfekt, was die beiden sagen könnten.

Merkkasten

Das **Futur** verwendet man gewöhnlich, um auf etwas hinzuweisen, was in der **Zukunft** geschieht. Es wird mit dem Hilfsverb **werden** und dem **Infinitiv** gebildet: ***Wir werden nächste Woche auf Klassenfahrt gehen.***

Allerdings wird das Futur selten verwendet. Meistens nutzen wir das Präsens, wenn wir etwas über die Zukunft sagen wollen: ***Nächste Woche gehen wir auf Klassenfahrt.***

1 Sechs Wochen Sommerferien neigen sich dem Ende zu. Morgen muss Talia wieder zur Schule. Sie stellt sich vor, wie der morgige Tag verlaufen wird. Schreibe ihre Gedanken im Futur auf. Die Stichworte im Wortspeicher helfen dir dabei.

Wecker klingeln | aufstehen | waschen und Zähne putzen | anziehen | Haare kämmen | frühstücken | Kakao trinken | aus dem Haus gehen | auf den Schulbus warten | zur Schule laufen | Samira treffen | …

Um 7 Uhr wird ______

______

______

______

______

2 a) Verfasse eine Einladung zu deiner nächsten Geburtstagsparty. Schreibe in mindestens sechs Sätzen auf, worauf sich deine Gäste freuen können. Formuliere die Einladung so, wie du sie auch verschicken würdest.

b) Markiere das Futur in deiner Einladung in gelb und das Präsens in grün.

c) Zähle, wie oft du das Futur und wie oft du das Präsens genutzt hast. Welche Form kommt häufiger vor?

Liebe Geburtstagsgäste,

ich möchte euch herzlich zu meiner Party am nächsten Samstag ab 14 Uhr einladen.

Darauf dürft ihr euch freuen: Zuerst ______

______

______

______

Ich freue mich auf euch!

Merkkasten

Mit dem **Imperativ** können wir andere zu etwas auffordern oder sie um etwas bitten:
***Geh(e)* bitte einen Schritt zur Seite! *Nimm* den Löffel und *rühr(e)* den Teig um. *Hilf* mir mal!**

So kannst du den Imperativ bilden:
- Im **Singular** nimmst du das Verb in der 2. Person Präsens und streichst das ***-st*** am Ende:
  gehen → du gehst → geh; nehmen → du nimmst → nimm; umrühren → du rührst um → rühr um; …
  Wenn der Vokal im Imperativ gleich bleibt, kann man noch ein ***-e*** anhängen: ***geh(e), rühr(e) um …***
  ä wird im Imperativ wieder zu ***a***: ***braten → du brätst → brat(e), fallen → du fällst → fall(e).***
- Im **Plural** verwendest du die 2. Person Präsens einfach ohne den Artikel:
  gehen → ihr geht → geht; nehmen → ihr nehmt → nehmt; umrühren → ihr rührt um → rührt um; …

1 Setze die folgenden Infinitive in die Imperativ-Form im Singular und im Plural:

sprechen → du sprichst → sprich, ihr sprecht → sprecht

lesen ______

nehmen ______

vergessen ______

geben ______

sehen ______

helfen ______

2 Setze die richtigen Imperativ-Formen aus Aufgabe 1 in die Lücken ein.

- Eddi und Antonio, ______ die Hände aus den Taschen! (nehmen)
- Luis, ______ bitte den Text auf Seite 25 vor! (lesen)
- Clara und Lilly, ______ Ida bitte bei der Englisch-Aufgabe! (helfen)
- Jeremy und Nikita, ______ nach vorn! (sehen)
- Mehrab, ______ bitte mit Herrn Ottens! (sprechen)
- Lena, ______ Ruhollah den Radiergummi ______! (zurückgeben)
- Jonas, ______ deine Sportsachen nicht! (vergessen)

3 Schreibe typische Aufforderungen aus dem Unterricht im Imperativ in deinem Heft auf.
Die Verben im Wortspeicher können dir helfen. Du kannst eine oder mehrere Personen ansprechen.

sein | schreiben | schweigen | treten | erschrecken | melden | vorlesen | kauen | essen

Merkkasten

Mit **Adjektiven** beschreibt man Eigenschaften, zum Beispiel von Menschen, Tieren oder Gegenständen.
Man erfragt sie mit: ***Wie?***

Wie ist die Freundin? ***Sie ist groß / schlau / fröhlich. – die große / schlaue / fröhliche Freundin***
Wie ist das Eis? ***Es ist kalt / süß / lecker. – das kalte / süße / leckere Eis***

1 Beschreibe die Gitarre, indem du die Adjektive passend in die Textlücken einsetzt.

runden | dünne | geschwungenen | unterschiedliche | großen | schönen | interessantes | langen

Die Gitarre ist ein sehr ______ Instrument. Sie hat einen ______ Hals und einen ______, ______ Körper mit einer ______ Öffnung in der Mitte. Außerdem besitzt sie sechs ______ Saiten. Mit der Gitarre kann man ganz ______ Töne produzieren, die zu ______ Liedern werden können.

2 Betrachte das Bild und ergänze wie im Beispiel. Markiere die Endungen der Adjektive vor den Nomen.

blau | fröhlich | alt | kalt | bunt

Der See ist blau. – der blaue See

Die Mädchen ______

Das Eis ______

Die Ruine ______

Die Decke ______

3 Gestalte den Text anschaulicher, indem du die Adjektive der Reihe nach in die Lücken einsetzt.
Denke an die Endung der Adjektive, wenn sie vor einem Nomen stehen.

warm | klein | köstlich | weich | spannend | alt | mutig | riesig

Es ist ein ______ Sommertag. Nach der Schule sind Merle und Maria zum ______ See gelaufen. Sie kaufen sich ein ______ Eis und legen sich auf die ______ Picknickdecke. Merle erzählt eine ______ Geschichte über die ______ Ruine. Sie handelt von einem ______ Ritter, der dort vor langer Zeit einen ______ Drachen besiegt haben soll.

GRAMMATIK Adjektive

Merkkasten

Adjektive lassen sich steigern. So können Vergleiche ausgedrückt werden.
Es gibt im Deutschen zwei Steigerungsformen:
- **Grundform** (Positiv): ***schön, klein, hell***
- **1. Steigerungsform** (Komparativ): ***schöner, kleiner, heller*** (Endung ***-er***)
- **2. Steigerungsform** (Superlativ): ***am schönsten, am kleinsten, am hellsten*** (am, Endung ***-sten***)

Bei einem Vergleich heißt es: genauso schön ***wie***, genauso klein ***wie***; schöner ***als***, kleiner ***als***:
Tim ist kleiner als Lisa. Lisa ist genauso groß wie Maria.

4 Fülle die Lücken aus, indem du die Adjektive steigerst.

Morgens ist es im Frühling ______, doch im Winter ist es noch ______. Am Südpol ist es allerdings ______.

Im Sommer ist es in Deutschland oft ______. In Spanien ist es meistens ______. Aber im Tal des Todes ist es ______.

5 Fülle die Lücken mit der Grundform und den Steigerungsformen der Adjektive in den Klammern.

Nikita macht gern Sport mit seiner Klasse. Aber er würde lieber raus auf die Rampe, denn Skateboard fahren macht er am ______. (gern)

Er schaut gerade beim Hochspringen zu. Er ist zwar schon ______ im Springen, möchte aber noch ______ werden. Am ______ aus der Klasse springt Daniel. (gut)

Nikita hat ______ trainiert. Er hat ______ trainiert als letztes Jahr. Gestern hat er am ______ trainiert. (viel) Ob er es heute schafft? Emilia springt sehr ______! Janice springt ______ und Daniel springt wie immer am ______. (hoch)

Dann springt Nikita. Er ist ziemlich ______ am Schulrekord, viel ______ als letztes Jahr. Aber Daniel kommt wieder mal dem Rekord am ______. (nah)

6 Setze in die Lücken die richtigen Vergleichswörter (wie oder als) ein.

Der Bodensee ist der größte See Deutschlands. Er ist größer als der Edersee, aber kleiner ______ die Ostsee. Egal ______ groß: Urlaub am Bodensee kann genauso schön sein ______ am Edersee. Die Ostsee ist kein See, sondern ein Meer, ebenso ______ die Nordsee. Der Salzgehalt in der Ostsee ist geringer ______ in der Nordsee. Außerdem hat die Nordsee stärkere Gezeiten ______ die Ostsee.

Merkkasten

Adverbien beschreiben die Umstände einer Tätigkeit, eines Geschehens oder eines Zustands näher.
Man nennt sie deshalb auch **Umstandswörter**:
***Gestern** sind wir an der Nordsee angekommen. **Hier** gefällt es uns gut. **Deshalb** wollen wir gern hierbleiben.*

Adverbien kannst du mit Hilfe der W-Fragen ermitteln:

Ortsadverbien (Wo? Woher? Wohin?)	**Zeitadverbien** (Wann? Wie lange? Seit wann?)	**Adverbien des Grundes** (Warum? Weshalb?)	**Adverbien der Art und Weise** (Wie? Womit? Wodurch?):
da, dort, draußen, drinnen, fort, hier, hierhin, hinein, hinten, irgendwo, links, neben-an, oberhalb, überall, unten, vorn …	*bald, bisher, danach, davor, endlich, freitags, gerade, gestern, immer, inzwischen, manchmal, neulich, nie, oft, regelmäßig, sofort, stets, täglich, vorhin …*	*also, dadurch, darum, deshalb, folglich, trotzdem …*	*anders, äußerst, beinahe, bekanntlich, ebenfalls, fast, genauso, genug, gern, hoffentlich, kaum, leider, möglicherweise, sehr, so, vielleicht, wirklich …*

1 Schreibe hinter die Adverbien, was sie angeben: Ort (O), Zeit (Z), Grund (G) oder Art und Weise (AW).

Manchmal (______) vergisst Merle beim Lesen total die Zeit.

Gerade (______) liest sie eine äußerst (______) spannende

Geschichte. Sie beginnt morgens (______) im Keller einer Schule.

Dort (______) findet ein Junge eine Tür in eine andere Welt.

Anfangs (______) muss er sich dort noch zurechtfinden, doch schon bald (______) kann er der anderen Welt helfen. Deshalb (______) wird er viele Prüfungen bestehen müssen. Hoffentlich (______) geht alles gut aus …

2 Füge die Adverbien aus dem Wortspeicher in den Text ein.

daran | viel | oft | von dort | sehr | abends | dort | dann | davon | manchmal | ebenfalls

Das Buch ist ______ dick. Merle wird also ______ Zeit brauchen, um es zu lesen.
______ sitzt sie ______ in ihrem Sitzsack und vertieft sich in die Geschichte. ______
bleibt sie ______ mehrere Stunden. ______ muss Merles Mutter sie ______ erinnern,
dass Schlafenszeit ist. Merle legt das Buch ins Regal und geht ins Bett. ______ kann sie das Buch im
Regal sehen. Sie träumt ______, ______ solche Abenteuer zu erleben.

3 Schreibe ein Abenteuer aus Merles Traumwelt auf. Nutze mindestens fünf Adverbien aus dem Wortspeicher.

hoch/runter | deshalb | vielleicht | schließlich | immer/nie | eben | oft/selten | jedoch | abwärts/aufwärts | außerdem | kurz/lang | jetzt | anders | wirklich | schon immer | besonders | bis morgen

Merkkasten

Präpositionen werden immer in Verbindung mit einem Nomen oder Pronomen gebraucht. Sie bezeichnen das Verhältnis der Dinge zueinander: ***das Bild hängt an der Wand, das Kind sitzt zwischen Oma und Opa.***

Präpositionen bestimmen den Kasus des Nomens oder Pronomens, mit dem sie im Satz verbunden sind:
Ich gehe zu meiner Oma. → Dativ ***Ich gehe durch die Tür.*** → Akkusativ

– Präpositionen mit dem Dativ: ***bei, mit, nach, seit, von, zu***
– Präpositionen mit dem Akkusativ: ***bis, durch, für, gegen, ohne, um***

Wechselpräpositionen können den Dativ oder den Akkusativ verlangen:
Ich bin (wo?) ***in dem Park.*** → Dativ ***Ich gehe*** (wohin?) ***in den Park.*** → Akkusativ
Das Kissen liegt (wo?) ***auf dem Bett.*** → Dativ ***Er wirft das Kissen*** (wohin?) ***auf das Bett.*** → Akkusativ

– Präpositionen mit dem Dativ oder dem Akkusativ: ***an, auf, hinter, in, neben, über, unter, vor, zwischen***

Manche Präpositionen können mit Artikeln verschmelzen:
in dem Park = im Park, an dem Wochenende = am Wochenende, bei dem Essen = beim Essen.

1 a) Setze die richtigen Präpositionen in die Lücken ein:

mit | auf | in | vor | an | durch | ohne | zu

Maria steht ______ der Haustür und drückt ______ die Klingel. Sie möchte sich ______ Merle treffen. Merle sitzt ______ ihrem Zimmer. Als sie die Klingel hört, geht sie ______ den Flur, öffnet die Tür und geht ______ Jacke mit Maria ______ dem See, ______ dem sie gestern Eis aßen.

2 Was macht der Dackel? Ergänze die Sätze zu den Zeichnungen. Frage immer „Wo sitzt der Dackel?“ / „Wohin legt er den Knochen?“ und ergänze Artikel und Nomen im richtigen Fall.

Der Dackel sitzt ______

Er legt den Knochen ______

Der Dackel sitzt ______

Er legt den Knochen ______

Der Dackel sitzt ______

Er legt den Knochen ______

Der Dackel sitzt ______

Er legt den Knochen ______

Der Dackel sitzt ______

Er legt den Knochen ______

TEST Adjektive, Adverbien und Präpositionen

1 Kreuze die zutreffenden Aussagen an.

- ☐ Mit Adjektiven kann man Eigenschaften von Menschen, Tieren oder Gegenständen beschreiben.
- ☐ Nach einem Adjektiv kannst du mit „Wo?“ fragen.
- ☐ Adverbien nennt man auch „Eigenschaftswörter“.
- ☐ Mit Adverbien kann man die Umstände genauer beschreiben.
- ☐ Präpositionen werden im Satz immer allein gebraucht.
- ☐ Wechselpräpositionen verlangen den Dativ oder den Akkusativ.

2 Korrigiere die falschen Aussagen, indem du die Sätze richtig aufschreibst.

____

____

____

3 Steigere die folgenden Adjektive:

hoch ______________ gut ______________

viel ______________ nah ______________

4 Setze in die Lücken passende Adverbien aus dem Wortspeicher ein.

Ort: links | rechts | oben | unten | dort | hier
Zeit: gestern | meistens | zuletzt | morgens | abends | donnerstags
Grund: darum | trotzdem | deinetwegen | deswegen
Art und Weise: so | leider | umsonst | gern | nicht | vielleicht

Marie und ich waren ______ im Zoo. ______ haben wir uns mit Jolina und Lara getroffen. ______ hat es geregnet. ______ konnten wir nicht alle Tiere sehen. Aber wir waren nicht ______ im Zoo. Im Affenhaus konnten wir beobachten, wie die Affenbabys Ball spielten. An einem Sonnentag kommen wir ______ wieder, um in den Streichelzoo zu gehen.

5 Setze in die Lücken passende Präpositionen ein. Manchmal passen mehrere Präpositionen.

Maxi und Kayne gehen zusammen ______ eine Klasse. Maxi sitzt ______ Shane und Kayne sitzt ______ Kacper und Lennox. ______ dem Lehrerpult steht eine Glocke. Wenn der Klassenlehrer ______ der Glocke klingelt, bedeutet dass, es muss ruhiger werden. Doch gerade ist Pause. Maxi und Kayne gehen ______ dem Klassenraum, ______ den Sportplatz und setzen sich ______ die Wiese.

Merkkasten

Das **Subjekt** gibt an, **wer** etwas tut. Du erfragst es mit ***Wer?*** oder ***Was?***:
Der kleine Junge kauft seiner Schwester ein ganz besonderes Geschenk.

Das **Prädikat** gibt an, ***was das Subjekt tut*** oder ***was geschieht***.
Es besteht aus einem Verb, das an das Subjekt angepasst ist:
Der kleine Junge kauft seiner Schwester ein ganz besonderes Geschenk.
Das Prädikat kann aber auch aus mehreren Teilen bestehen:
Der kleine Junge hat seiner Schwester ein ganz besonderes Geschenk gekauft.

1 Unterstreiche in den Sätzen die Prädikate grün und die Subjekte rot.

Die Kinder kommen in den Klassenraum. In der Pause haben sie draußen gespielt. Jetzt sind sie müde. Dann betritt die Englischlehrerin den Raum. Sie schaut sich um: Hinten in der Ecke schläft Dennis auf seinem Rucksack. Links sitzt Ida, sie meldet sich. Seinem Freund zieht Oliver die Mütze ab. Lina und Lena flüstern. Ein Stuhl liegt in der Ecke, die Schranktür ist offen. Die Hausaufgaben hat Fabian wie immer vergessen. In seiner Tasche sucht Milan nach seinem Bleistift. Nachdenklich grübelt Lisa über die SV-Stunde. Dann beginnt der Unterricht.

Merkkasten

Das **Akkusativ-Objekt** erfragt man mit der Frage **Wen?** oder **Was?**:
Max hat (Was?) ***die Kinokarten gestern Abend gekauft. Er will*** (Wen?) ***seinen Freund Max einladen.***

Das **Dativ-Objekt** erfragt man mit der Frage ***Wem?***:
Die Lehrerin liest (Wem?) ***der Klasse einen Text vor. Bo zeigt*** (Wem?) ***dem Kontrolleur seine Fahrkarte.***

Adverbiale Bestimmungen (= Adverbiale) sind Satzglieder, die Auskunft geben über
– die **Zeit** (**wann** oder **wie lange** etwas geschieht): ***Umut vergisst*** (Wann?) ***immer seine Hausaufgaben.***
– den **Ort** (**wo** etwas passiert oder **wohin** sich etwas bewegt): ***Bo und Max gehen*** (Wohin?) ***ins Kino.***
– die **Art und** Weise (**wie** es geschieht): ***Bo und Max verfolgen*** (Wie?) ***gespannt den Film.***

2 a) Bilde aus den vorgegebenen Wörtern Sätze mit Objekten und adverbialen Bestimmungen.
b) Unterstreiche Akkusativ-Objekte orange, Dativ-Objekte gelb und adverbiale Bestimmungen blau.

erzählen | Mutter | Kinder | jeden Abend | Geschichte

Die Mutter erzählt ihren Kindern jeden Abend eine Geschichte.

kochen | Nachtisch | Großmutter | sonntags | Enkel

____

machen | große Überraschung | am Geburtstag | Zwillinge | Tante

____

stehlen | Möwe | alte Dame | Sommerhut | plötzlich

____

Merkkasten

Ein Satz besteht meist aus mehreren Satzgliedern. **Satzglieder** sind einzelne oder mehrere Wörter, die man gemeinsam an verschiedene Stellen im Satz verschieben kann:
(Der kleine Junge) (kauft) (seiner Schwester) (ein ganz besonderes Geschenk).
(Seiner Schwester) (kauft) (der kleine Junge) (ein ganz besonderes Geschenk).
(Ein ganz besonderes Geschenk) (kauft) (der kleine Junge) (seiner Schwester).

Durch solche **Umstellproben** bekommt man heraus, aus wie vielen Satzgliedern ein Satz besteht und welches Wort zu welchem Satzglied gehört. Satzglieder dürfen zwar verschoben, aber nicht auseinandergerissen werden:
Der besonderes Junge kauft ein Geschenk besonders ganz seiner Schwester – ist kein grammatisch richtiger Satz.

1 a) Stelle den folgenden Satz um und benenne jeweils das erste Satzglied.

Subjekt ← Elina schenkt Tobias zum Geburtstag ein spannendes Buch.

________ ← ________________________

________ ← ________________________

________ ← ________________________

________ ← ________________________

b) Vervollständige die Aussage: Der Satz besteht aus ________ Satzgliedern.

2 Bilde aus den Satzbausteinen im Wortspeicher einen Satz. Bringe die Satzglieder in diese Reihenfolge:
1. Adverbiale Bestimmung, 2. Prädikat, 3. Subjekt, 4. Dativ-Objekt, 5. Akkusativ-Objekt.

ein großes Geheimnis | Antonio | verraten | sein bester Freund | gleich

____

3 In dem folgenden Text fangen alle Sätze mit Samira an. Dadurch wirkt der Text sehr eintönig und langweilig. Schreibe den Text in deinem Heft so um,
– dass du Samira an einigen Stellen durch sie ersetzt.
– dass am Satzanfang auch einmal andere Satzglieder als das Subjekt stehen.
Probiere aus, wie der Text beim Lesen am besten klingt.

Samira geht vormittags und nachmittags in die Schule.
Samira geht nach der Schule drei Mal in der Woche zu ihrem Pflegepferd.
Samira kann mit dem Fahrrad von der Schule zum Reiterhof fahren.
Samira freut sich jeden Tag darauf, dass sie ihr Pferd wiedersehen kann.
Samira putzt zuerst das Pferd und Samira holt Sattel und Zaumzeug.
Samira sattelt danach das Pferd mit einem schweren Sattel.
Samira geht anschließend in die Reithalle.
Samira freut sich nach dem Reiten auf eine warme Dusche.

TEST Satzglieder

1 Kreuze die zutreffenden Aussagen an.

- ☐ Prädikate sind Satzglieder, die Auskunft über Zeit, Ort, Grund sowie Art und Weise geben.
- ☐ Adverbiale Bestimmungen sagen in der Regel aus, wer etwas tut oder was passiert.
- ☐ Das Akkusativ-Objekt erfragt man mit der Frage „Wen?“ oder „Was?“.
- ☐ Das Prädikat kann nicht aus mehreren Teilen bestehen.
- ☐ Das Dativ-Objekt erfragt man mit der Frage „Wem?“.
- ☐ Jeder Teil des Satzes, den man gemeinsam umstellen kann, ist ein Satzglied.

2 Berichtige die falschen Aussagen aus Aufgabe 1.

____

____

____

3 Benenne die blau geschriebenen Satzglieder mit ihrem Fachbegriff.

a. Gestern hat Jonas seine Freunde zum Geburtstag eingeladen. ______________

b. Die Geburtstagsfeier von Jonas findet schon morgen statt. ______________

c. Er will mit seinen Freunden nachmittags ein Spiel spielen. ______________

d. Viola und Sergej wollen Jonas ein Kartenspiel schenken. ______________

e. Jonas denkt über das Essen und die Getränke für seine Feier nach. ______________

4 Streiche das falsche blau geschriebene Wort im Satz:

a. Maxim schenkt seinen/seinem Freund ein/einen Buch.
b. In Satz a gehört das Wort „Freund“ zum Akkusativ-Objekt/Dativ-Objekt.
c. In Satz a gehört das Wort „Buch“ zum Akkusativ-Objekt/Dativ-Objekt.

5 Setze den fehlenden Buchstaben ein: m für das Dativ-Objekt oder n für das Akkusativ-Objekt.

a. Yazan hat eine __ gebrochenen Fuß und darf heute nicht mitspielen.

b. Er sieht seine __ Freund Souliman beim Basketball zu und winkt ih __.

c. Souliman konzentriert sich auf de __ Ball und sieht seine __ Freund Yazan nicht.

d. Er bekommt de __ Ball und wirft eine __ Korb!

e. Yazan jubelt seine __ Freund zu.

f. Da sieht ih __ Souliman und freut sich, dass sein Freund de __ Korbwurf gesehen hat.